宋代景德镇青白瓷品鉴

陈雨前 著

江西高校出版社
JIANGXI UNIVERSITIES AND COLLEGES PRESS

图书在版编目（ＣＩＰ）数据

宋代景德镇青白瓷品鉴/陈雨前著.--南昌:江西高校出版社,2024.6

ISBN 978 - 7 - 5762 - 4491 - 5

Ⅰ.①宋…　Ⅱ.①陈…　Ⅲ.①青瓷（考古）—鉴赏—景德镇—宋代　②白瓷（考古）—鉴赏—景德镇—宋代　Ⅳ.①K876.34

中国国家版本馆 CIP 数据核字（2023）第 247675 号

出 版 发 行	江西高校出版社
社　　　　址	江西省南昌市洪都北大道 96 号
总编室电话	(0791)88504319
销 售 电 话	(0791)88522516
网　　　　址	www.juacp.com
印　　　　刷	江西千叶彩印有限公司
经　　　　销	全国新华书店
开　　　　本	787 mm×1092 mm　1/16
印　　　　张	16.5
字　　　　数	223 千字
版　　　　次	2024 年 6 月第 1 版 2024 年 6 月第 1 次印刷
书　　　　号	ISBN 978 - 7 - 5762 - 4491 - 5
定　　　　价	88.00 元

赣版权登字 -07 -2023 -940

謹以此書

紀念景德鎮學創立二十周年　鄧運賢題

宅光景福鎮莫白韻品監

癸卯冬 昌平

前　言

　　《宋代景德镇青白瓷品鉴》一书是我在 2012 年出版的《宋代景德镇青白瓷与审美》一书的基础上，吸收和借鉴近年来对宋代景德镇青白瓷的最新研究与考古发现的成果，补充修订而成的。本书基于我于中央美术学院随我国著名美术史论家金维诺先生攻读博士学位时的博士学位论文，而青白瓷的研究一直是我研究的重点。因此，对青白瓷的研究不仅未随着我博士学业的完成而终止。我反而秉承着攻读博士学位时的热情与执着，继续从事相关研究。

　　本书具有以下特点：

　　其一，在尊重博士论文的基础上，根据最新考古发现与最新研究成果，并结合最新文献资料进行整理、增补而成，以严谨认真的态度保证研究的时效性与真实性，如对唐代景德镇窑业遗存兰田窑与乐平南窑的最新考古资料及报告进行修改等。

　　其二，除将历史文献以原始影印文献代替外，其他瓷器标本图片全部替换为清晰的标本彩色图片，尽量配以相应的尺寸数据，在供读者欣赏的同时，以为相关研究人员及学者提供数据。

　　其三，在本书的最后附上我在研究过程中搜集到的部分青白瓷标本图片及修复后的标本图片，并以器型功能为基点进行分类呈现，目的是较全面客观地反映我在研究过程中搜集相关原始陶瓷文献的同时，对窑址进行实地考察、对标本进行比对的过程中所取得的成果,并附上标本整理修复工作纪实。

因此,本书不仅是对此前研究的完善,更是对我近十年来的青白瓷研究成果的一次阶段性更新与总结。

在标本的修复、整理和文稿的修改过程中,得到了景德镇学院人文学院的陈猛博士、蔡锐博士、刘永红博士、陈思雨博士与景德镇青白瓷研究者周剑、王勇强先生和景德镇学院人文学院 2019、2020、2022、2023 级文物与博物馆学专业部分学生的支持,在此一并致谢。

非常感谢王奇先生与都本基先生的大力支持!同时王奇先生应我之请,专门请都本基先生题写书名与"谨以此书纪念景德镇学创立二十周年"书法!真诚感谢蔡昌平先生用金文题写书名。其与都本基先生题写的书名熠熠生辉!本书出版过程中,得到了景德镇学院和江西高校出版社的支持,谨表谢意!

陈思雨

甲辰年谷雨于景德镇学学术成果展示室

目 录
CONTENTS

第一章　宋代景德镇青白瓷的兴起与五代制瓷业的关系

一、青白瓷的名称及其来历

青白瓷是宋代以景德镇窑为代表烧制的一种瓷器。这种瓷器的釉色介于青白之间，青中闪白，白中显青，故名。

据专家考证，用"青白"二字称瓷，最早出现于蔡襄的《茶录》（成书于北宋英宗治平元年即公元 1064 年）："茶色白，宜黑盏……其青白盏，斗试家自不用。"[1]（图 1-1）

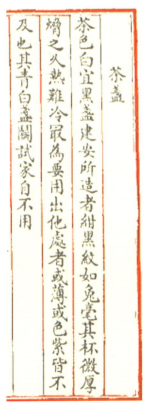

图 1-1　《茶录》"茶盏"条　　　　图 1-2　《梦粱录》

宋元时期的文献，如宋人吴自牧的《梦粱录》[2]（图 1-2）、耐得翁的《都城纪胜》[3]（图 1-3）、赵汝适的《诸蕃志》[4]（图 1-4）等，都将这种釉色介于青白之间的瓷器，称为青白瓷。

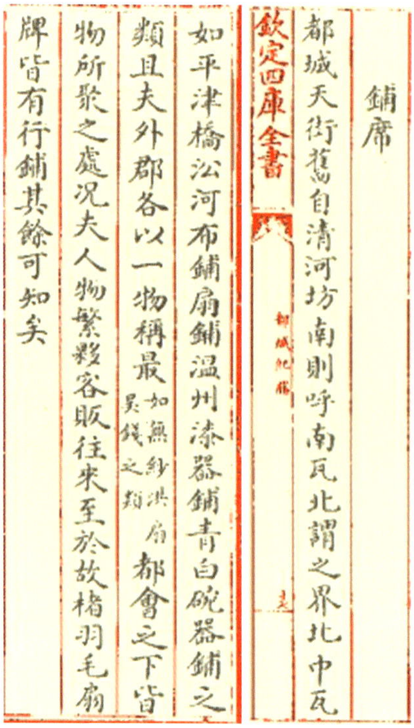
鋪席
都城天街舊自清河坊南則呼南瓦北謂之界北中瓦
欽定四庫全書　都城紀勝
如平津橋沿河布鋪扇鋪溫州漆器鋪青白碗器鋪之
類且夫外郡各以一物稱最如撫紗洪扇吳錢之類都會之下皆
物所聚之處況夫人物繁夥客販往來至於故楮羽毛扇
牌皆有行鋪其餘可知矣

图 1－3　《都城纪胜》"铺席"条

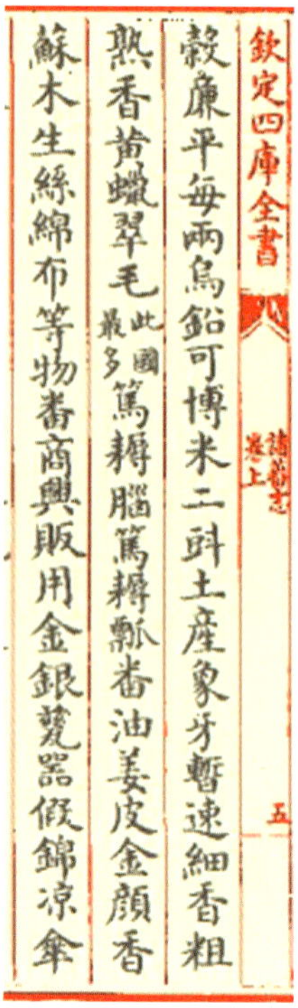
欽定四庫全書　諸蕃志 卷上　五
穀廉平每兩烏鉛可博米二斗土產象牙暫速細香粗
熟香黃蠟翠毛此國最多篤耨腦篤耨瓢番油姜皮金顏香
蘇木生絲綿布等物番商興販用金銀甆器假錦涼傘

图 1－4　《诸蕃志》

晚清的文献，如陈浏的《陶雅》[5]（图 1－5）、许之衡的《饮流斋说瓷》称这种瓷器为"影青"[6]瓷，并指出"影青"中还有一种叫"隐青"[7]瓷（图 1－6）。

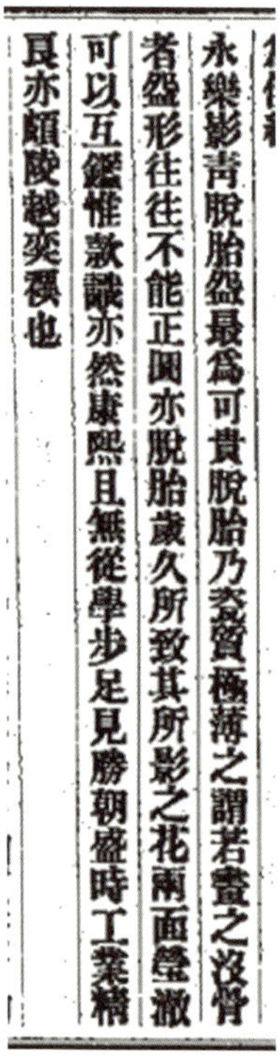
永樂影青脫胎盌最為可貴脫胎乃瓷質極薄之謂若畫之沒骨
者盌形往往不能正圓亦脫胎歲久所致其所影之花兩面瑩澈
可以互鑑惟款識亦然康熙且無從學步足見勝朝盛時工業精
良亦頗陵越奕禩也

图 1－5　《陶雅》

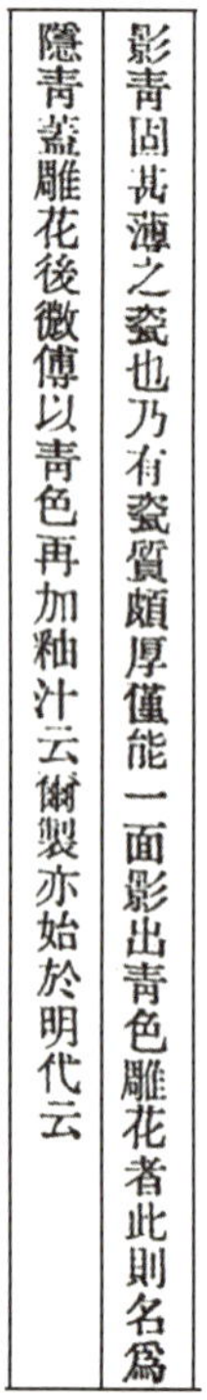
影青固甚薄之瓷也乃有瓷質頗厚僅能一面影出青色雕花者此則名為
隱青瓷雕花後微傅以青色再加釉汁云爾製亦始於明代云

图 1－6　关于"隐青"瓷的记载

民国时期的文献,如邓之诚的《骨董琐记全编》称这种瓷器为"罩青"[8]。

因此,所谓的青白瓷、影青瓷、隐青瓷与罩青瓷等,都是指同一种瓷器,换句话说,是不同的历史时期对同一种瓷器的不同称谓。这种瓷器,即是晚清以后被称为"影青"瓷的瓷器。

青白瓷是宋元时期的一个历史概念。本文尊重宋元时期的历史文献所用称谓,只用"青白"瓷这个名称,而不用晚清以后的"影青"瓷这个名称,尽管二者都是指同一种瓷器。

二、唐及唐以前的景德镇陶瓷烧造情况

景德镇地区有着悠久的陶瓷制造和生产历史。明清以来,当地的各种文献,包括地方志、碑文和专业文献等,都做了诸多记载。清乾隆四十八年(1783 年)版《浮梁县志》记载:"新平治陶,始于汉世,大抵坚重朴茂,范土合埏,有古先遗制。"清道光版《浮梁县志》承袭乾隆四十八年版《浮梁县志》之说;清《饶州府志》[9](图 1-7)、清《浮梁县志·陶政》[10](图 1-8、图 1-9)、清同治版《饶州府志》[11]等县志、府志,对唐与唐以前本地区的陶瓷烧造情况,都做了内容大体相同的记载;明崇祯十年碑[12]、景德镇马鞍山西麓云门教院断碑记载的唐颜真卿与陆士修等的中宵茗饮联咏[13]以及清同治年间立的"奉宪永禁碑"[14]等碑文,对唐代景德镇制瓷情况亦做了记载。清代两部重要的陶瓷文献《景德镇陶录》和《南窑笔记》对此亦做了多方面的记载。

图 1-7　《饶州府志》　　　　图 1-8　《浮梁县志·陶政·陶厂》

图 1-9 《浮梁县志·陶政》　　图 1-10 《景德镇陶录》卷一《图说景德镇》

《景德镇陶录》为清代景德镇学者蓝浦所撰,刊行于清代嘉庆二十年(1815 年)。

《景德镇陶录》卷一《图说景德镇》[15]记载,本地"水土宜陶,陈以来,土人多业此"(图 1-10),《景德镇陶录》卷五《景德镇历代窑考》[16]记载了唐代景德镇"陶窑"(图 1-11)和"霍窑"(图 1-12)的情况。这与清乾隆四十八年版《浮梁县志》对于"唐窑"与"霍窑"的记载[17]基本一致。在《景德镇陶录》卷八《陶说杂编上》记载了唐代景德镇设有专门管理窑务的机构"监务厅"以及唐景龙初年新平司务褚绥"力陈岁歉,户力凋残",请停烧"祭器"一事[18](图 1-13)。清佚名所著《南窑笔记》记载了本地"治陶始于季汉"和陈代"贡陶础"一事[19](图 1-14)。

以上文献都重点记载了唐代景德镇的制瓷情况,对唐以前本地区的陶瓷烧造情况也做了记载。

从 20 世纪 50 年代以来,专家们对唐代及唐代以前的景德镇陶瓷烧造情况不断进行考察与研究。在对本地区的窑址进行考察的过程中,曾出土过商周时期的陶片[20][21]和原始瓷器[22],以及唐代瓷器遗物[23][24]。

但是,这些文献都是明清及以后的文献,不足以作为佐证唐代景德镇烧造陶瓷的权威、可信的文献。

陶窑

唐初器也土惟白壤體稍薄色素潤鎮鍾秀里

图1-11　关于"陶窑"的记载

霍窑

窯甕色亦素土墡膩質薄佳者瑩縝如玉爲東
山里人霍仲初所作當時呼爲霍器邑志載唐
武德四年詔新平民霍仲初等制器進御

图1-12　关于"霍窑"的记载

唐稽綏字玉衡習州人景隆初爲新平司務會洪州
督府奉詔需獻陵祭器甚迫繁跎載門力陳崴歎
戶力調殘覓獲山襄陵名宦志

图1-13　《景德镇陶录》卷八《陶说杂编上》中的记载

南窯筆記舊抄本

新平之景德鎮在昌江之南其治陶始於季漈堆埴朴素即古之土脫碗也
陳至德元年相傳有貢陶礶者不堪用而至隋大業中始作獅象大獸二座
奉於顯仁宮令太原陶工製造入火而裂迨李唐繼起陶日以工始有素瓷
上釉之法而景德陶之著名則在于宋蓋因陶工製景德年號于器底故天

图1-14　《南窑笔记》中的记载

另外,国内尤其是景德镇地区尚没有出土确凿无疑的墓志和带有确切纪年的唐代瓷器。尤其是清代文献中被称为"假玉器"的"陶窑"和"霍窑"制品,至今未见任何出土报告。

综合考古专家的意见与研究成果,迄今为止已发现的景德镇唐代窑址以乐平南窑和兰田窑为主。它们呈现了景德镇地区唐代瓷器的烧制情况与水平。南窑位于景德镇乐平市接渡镇南窑村东北,其重要之处在于发掘出一条长达 78.8 米的龙窑遗址[25]。南窑始烧于中唐时期,兴盛于中晚唐,并于晚唐衰弱。早在 1964 年,南窑便由江西省文物管理委员会调查发现,2011 年由乐平市政府邀请各考古研究单位的专家进行为期 40 天的试掘,2021 年基于南窑遗址试掘的重大发现,再次邀请全国知名古陶瓷专家进行认证发掘,揭示龙窑遗址 2 座、灰坑 10 个、灰沟 1 条、道路遗迹 1 条,揭露面积总计 1013.5 平方米。该遗址遗存丰富,包括取土的白土塘,运输原料的江湖塘、溪坑、码头,储料池以及烧造产品的窑炉等反映制瓷工艺流程的作坊遗迹,保存较好,能再现和复原南窑唐代制瓷的真实面貌。出土文物中的青釉碗、盘、罐类器物,无论是形制还是装烧方法,与同时期的长沙窑、洪州窑、越窑等所产器物类似,制作工艺如出一辙,具有中晚唐时期的典型风格。

因此,南窑遗址的发掘对景德镇制瓷史来说具有极其重大的意义。其一,将景德镇制瓷史向前推进了两百余年,揭开了中晚唐时期景德镇制瓷业的面纱。3 万平方米的窑山上发现了 12 条长 60 米以上、呈扇形分布的龙窑,由窑前工作面、火门、火膛、窑床、窑墙、窑尾等几个部分组成,是迄今窑炉分布最为密集、布局最为规律、瓷业生产组织最为严密的唐代窑场。且窑室内多个部位保留排列整齐、具原始状态的装烧支座,为了解当时龙窑的装窑量提供了重要资料,为研究南窑的生产流程和窑炉砌造技术、探索南窑的烧造工艺和当时的社会经济史提供了依据。其二,单条龙窑一周便可生产数万件瓷器,而如此庞大的生产量需要庞大的市场进行消化,证实了瓷器作为中国普遍的生活用具,于晚唐时期就已经开始烧造[26]。其三,南窑遗址出土的瓷器品种多样、器型繁多,除碗、盘、瓶外,还有穿带壶、瓷权、砚滴、腰鼓、夹耳盖罐等,多数采用明火烧造,少量高档产品采用匣钵工艺烧造。瓷器装饰精致、造型典雅,吸收了长沙窑、洪州窑、越窑等窑口的特征,艺术性高。同时釉瓷种类繁多,有青釉瓷、酱黑釉瓷、青釉褐斑瓷、青釉褐色彩绘瓷以及素胎瓷,其中以青釉瓷为主。在产品尺寸上可以发现青釉、酱黑釉腰鼓和器型硕大的大碗,有可能是为满足西域人所需而专门烧造或定制的,表明其亦为唐代重要的外销瓷产地之一[27]。因此,从现有的发掘资料可以看出,南窑主要是民间商品性窑场,其产品主要是面向普通大众的日用瓷器,兼含少量精品瓷器及外贸瓷。精品中不乏胎质细腻、釉层均匀、色泽莹润者,可与长沙窑、越窑所产的高端产品媲美。

兰田窑遗址位于浮梁县湘湖镇兰田村金星自然村西北,窑址分布较广,以金星自然村西北方的万窑坞窑址为中心,包括柏树下、大金坞等窑业遗址。兰田窑出现的时间略晚于南窑,为晚唐至五代时期,但依然是景德镇早期窑址。由于其时间跨度,对兰田窑的发掘,相较于南窑,更具有时长及延续性优势,为景德镇制瓷业初创时期的考古资料填补了空白。

经国家文物局批准,2012 年,北京大学考古文博学院、景德镇市陶瓷考古研究所等对兰田窑进行主动发掘。从出土文物可见,其器物较为丰富,时代跨度较大,覆盖晚唐、五代至北宋早期,且有明确的堆积层位,对于判断该窑址的年代及景德镇早期窑业的研究具有重要意义。器型除了常见的碗、盘、执壶、罐类,亦有腰鼓、茶碾、瓷权、瓷网坠等。其中,青釉鼓腹刻花卉纹罐的刻划工艺、手法及风格与越窑瓷类似,为景德镇古窑址发掘中的首次发现,将景德镇刻划工艺的出现时间推至北宋之前。根据出土器物的整体形制及特征分析,兰田窑亦受到洪州窑、越窑等制瓷技术的影响,具备少量长沙窑制瓷工艺特征,所有器物均采用泥点支烧的装烧方法,越窑工艺在景德镇青瓷烧造行业中表现得更为明显[28]。同时,在该窑区内的万窑坞发现的窑炉是目前景德镇浮梁地区最早且保存最为完好的砖砌窑炉。该窑炉的发现填补了景德镇制瓷业早期窑炉形态的空白。南窑和兰田窑的发现说明景德镇制瓷业始于唐代。

三、五代制瓷业成就和水平与宋代景德镇青白瓷的兴起

五代景德镇制瓷业已有较高的成就,并有自身的特点。该时期的许多景德镇瓷业窑址被发现,已有众多的实物出土。已出土的五代白瓷和青瓷,是景德镇瓷业发展最可信的实物资料。考古发现,景德镇五代窑址分布甚广,有 18 处之多。

五代时期的景德镇窑址主要分布在南河流域、东河流域和市区范围内。代表性窑场主要有杨梅亭、湖田、湘湖街、白虎湾、黄泥头、银坑坞、盈田等。其制品风格受越窑影响。

这里概括介绍湘湖街、白虎湾、黄泥头、银坑坞、盈田等古窑址的情况(参考景德镇市地名委员会办公室编纂的《景德镇·名胜古迹·古窑址》等资料)。杨梅亭和湖田古窑址的情况在下文详细考察。

湘湖街古窑遗址坐落于市郊湘湖村,烧造年代为宋至元初。原古窑堆积丘共有 9 处,今保存较好的仅有钟家坪、余家、下彭家 3 处,面积约 5 万平方米。其堆积层断面残存遗物有装烧器具和瓷器残片,器型主要有三类:一为敞口外撇浅腹卷唇平足碗,釉色灰青,无装饰纹;二为敞口浅腹矮圈平足碗,釉色灰黄,制作粗糙;三为敞口浅腹矮平圈足碗,胎质洁白,内外施釉,唇口釉呈褐色,平足底无釉,器内有卷草纹,产品多为民间用瓷。

白虎湾古窑遗址坐落在白虎湾村的后面,距湘湖镇 1 公里,为中国五代至宋代初期的陶瓷生产基地。现今遗址为当时的陶瓷产品残骸堆积区。在村南的公路边就是以南宋陶瓷残骸堆积物为主的遗址,共有 3 处,堆积总面积约 1 万平方米。白虎湾古窑址规模宏大,保存完好。

黄泥头古窑遗址位于景德镇市东黄泥头小学后山,是五代至北宋时期最有代表性的古窑址。该遗址遗物丰富、集中,保存完好,堆积范围约5000平方米,分东、西堆,高十几米(图1－15)。西堆以五代遗物为主,产品有灰胎青釉器和白胎白釉器两种,碗盏以钉重合叠烧,壶为瓜棱式。东堆以北宋遗物为主,主要为青白瓷,采取一器一匣的仰烧法(图1－16)。

图1－15　黄泥头古窑遗址

图1－16　黄泥头古窑遗址出图的青瓷盘

银坑坞古窑遗址位于景德镇市南郊的银坑坞村。这里散布着13处宋代窑业堆积,总面积约2.2万平方米。其中大多数遗存遭到不同程度的破坏,较有代表性的是八角湾水库和道塘里两处窑址。八角湾水库窑址分东、西两处:东处环水库30米均是窑业堆积,因延伸至水中,面积无法测算,遗物以匣钵、垫饼等窑具为主,器物有碗、盖罐、盏和盏托等;西处因地处偏僻而保存完好,四周动土即可见匣钵等窑具,器物仅见青白瓷花口小碗残片,面积约2800平方米。道塘里窑址分布在深山的丘陵中段地带。2005年,江西省文物考古研究所、景德镇民窑博物馆为配合南环高速公路建设对道塘里窑址进行了抢救性发掘,发现了龙窑1座,并清理出大量的仰烧窑具及青白釉瓷残片,器型为碗、盏和盏托等

（图1－17、图1－18、图1－19）。

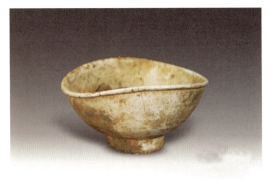

图1－17　宋青白釉唇口碗

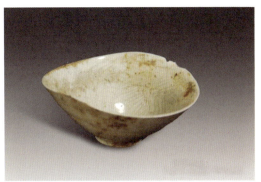

图1－18　宋青白釉唇口小碗

图1－19　宋青白釉茶盏

　　盈田古窑遗址位于景德镇市以东14公里处的湘湖镇盈田村。这里背山近水，北濒南河，东与湘湖和塘下窑址毗邻，周围有14处窑业遗存，分布在盈田及附近的山脚下和花儿滩三个自然村（图1－20）。盈田古窑遗址创烧于五代，终烧于北宋。它与湖田窑一样，行业分工细致，专业化程度高，是专门烧制壶类产品的专业窑场。盈田村有两处窑址：一处在村南的大山坞口，面积3000多平方米，制品为宋代青白釉壶、碗，有的碗内壁有简单的刻、划纹饰；另一处在村东南蛇家坞口的山坡下，面积1万多平方米，制品为宋青白釉大碗、小碗与壶（图1－21、图1－22）。

图1－20　盈田古窑遗址

图1－21　盈田古窑遗址的青白釉瓷片

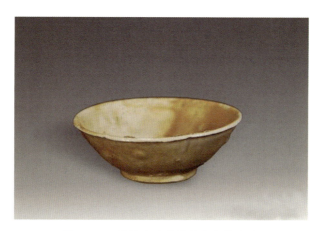

图 1-22 盈田窑出土的宋青白釉小碗

(一)杨梅亭古窑址兴烧时代、制品风貌及其特征

杨梅亭古窑址(图1-23),位于景德镇市东郊杨梅亭自然村,东距陶阳路50米,隶属于景德镇市昌江区竟成镇湖田村。产品有青瓷、白瓷和青白瓷。该窑址先烧青瓷,继烧白瓷,入宋后烧青白瓷。该窑址具备景德镇窑瓷由青瓷向白瓷、青白瓷发展的一般特征。产品主要有碗、盘、壶等日常用具以及文房用具等。

图 1-23 杨梅亭古窑址

杨梅亭窑场早期生产的青瓷为灰胎,其胎釉与唐五代越窑器相似,显然受越窑影响。白瓷为白胎,胎质细腻致密,胎骨坚硬。据分析,胎的白度达70%,孔隙为0.81%,烧成温度在1150 ℃和1200 ℃之间。所用原料仅为瓷石一种,釉色洁白、纯正。青白瓷为白胎,胎质细腻,釉薄而泛黄,少量呈纯正的青白色(图1-24)。

产品的形制特征为:青瓷碗(图1-25、图1-26),敞口,微侈,弧壁,大足,足底无釉;白瓷碗,唇口,弧壁,大足,足底无釉;盘类,唇口或花口,大足;壶,长颈,喇叭口,腹鼓呈瓜棱状,流长,曲把为扁形。其中,碗、盘类器心或器底均有9—16个支钉烧痕。

图 1 - 24　宋青白釉刻花大碗残片

图 1 - 25　宋青白釉刻花碗残片

图 1 - 26　宋青白釉大碗残片

北宋青白瓷碗类基本和青釉瓷近似,但器底有所增厚,圈足亦变高(即所谓"高足碗"),圈足内底多留有一个黑褐色的圆圈,这是采用小于圈足的环形或圆形垫饼装烧瓷器时留下的痕迹。青白壶类亦如青瓷、白瓷,只是腹部的瓜棱状更为明显,流更细长并微曲。

该窑址的产品形制特征与湖田窑所产的同时期产品基本一致。发现的窑具有垫柱(以夹沙的黏土做成)、漏斗式匣钵及圈状或饼状垫饼(以黏土加粗料制成)。从窑具分析,该窑址的装烧形式为支钉叠烧和仰烧两种形式。

从装饰来看,杨梅亭窑所产器物的装饰大致可分为三个时期:早期、中期和晚期。早期青瓷、白瓷与初期青白瓷光素无纹,装饰形式为葵口与瓜棱装饰,主要受金银器的形制影响,器型浅矮,形若花朵与瓜果。中期青白瓷出现大量的刻花装饰和雕塑技法。晚期以印花装饰为主,有的为刻花、堆塑综合装饰形式。

关于杨梅亭窑的烧制时代,现有考古资料表明,这种葵口、瓜棱状的厚唇器与江苏南唐二陵、江苏五代王氏墓及福建五代刘华墓出土的瓷器相类似,属于五代时期的制品。青白瓷器具有典型的北宋中期特征:撇口、葵口、高足等。从窑址的产品形制特征、质地和装烧形式分析,该窑兴烧于五代,终烧于北宋。

杨梅亭窑是中国南方地区最早生产白瓷的窑场之一,其白瓷生产技术对宋代景德镇青白瓷的兴起具有重大影响。

（二）湖田古窑址兴烧时代、制品风貌及其特征

湖田古窑址（图1-27）位于景德镇南山山麓与南河之间。

图1-27　湖田古窑址　　　　　　　　　　图1-28　《景德镇陶录》"湖田窑"条

该窑址烧瓷业兴于五代，历经宋、元，至明代中叶衰落，前后持续了近600年之久。窑址范围约40万平方米。在景德镇陶瓷历史上，此窑址是历时最久、范围最大、遗存最为丰富的一座窑场，1959年被列为省级文物保护单位，1982年升格为国家重点文物保护单位，是一座有着重要影响、在国内外享有盛誉的著名古代窑场。在有关景德镇陶瓷的重要史籍中，如南宋蒋祈的《陶记》、清代朱琰的《陶说》、清代蓝浦的《景德镇陶录》（图1-28）和清代佚名的《南窑笔记》等无一例外地做了重要记载。

景德镇陶瓷考古专家对五代时的湖田窑瓷器烧造情况进行了多次考察和发掘：

湖田窑五代遗物堆积可分上、下两层，窑具仅为垫柱（图1-29），未见匣钵，均采用支钉叠烧法烧成。下层产品皆为灰胎青釉器。上层除青瓷外，还有白瓷，两类器物形制相同。

图1-29　垫柱

产品有壶、碗、盘三类。

湖田窑五代时期的壶为长颈，喇叭口，壶身较高，腹部呈瓜棱状。碗类有弧壁与斜壁

两大类,也有大小与高低之别。碗类的圈足和口沿奇特,有明显的时代特征。

其圈足有三个特征:碗的口径与足径之比约为1:0.49(现今的约为1:0.36),足径接近口径的1/2;足高约为通高的1/10(现今的约为1/8);足壁厚约8毫米(约为现今的3倍)。

五代碗的口沿的时代特征为唇口和花口:所谓的唇口,即指碗外有一圈较厚的口沿;所谓的花口,即指在碗壁上压出四至五道外凹内凸的直纹,再沿压纹把较薄的碗口剜出四至五个类似花瓣的缺口。

五代碗的烧成方法是支钉叠烧法。[29]

(三)五代制瓷业成就和水平与宋代景德镇青白瓷的兴起

从五代至北宋早期,景德镇窑业堆积情况如下:下层为青瓷,中间为白瓷或青瓷与白瓷共存,上层为青白瓷。这种堆积状况,与陶瓷发展历史相吻合。

五代器物种类、装饰方法与北宋早期的青白瓷相类似,这说明五代青瓷、白瓷影响了北宋早期的器物形制和装饰技法。五代青瓷有碗、盘、罐和长颈执壶(图1-30),白瓷有碗、盘和小碟。器物形制包括:碗、盘,均为大足(图1-31),唇口或花口(图1-32);壶,为长颈喇叭口,壶身较长,腹部呈瓜棱状(图1-33)。

图1-30　长颈执壶残件

图1-31　五代白瓷碗残件

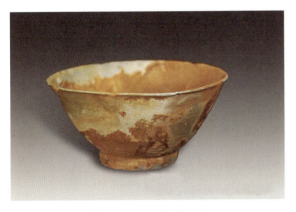
图1-32　五代青瓷碗

图1-33　青釉执壶残件

　　宋代的青白瓷产品与五代有明显的继承关系。例如：瓷胎与五代白瓷基本相同；产品品种与五代同样单调，仅见碗、盘之类的简单生活用品，碗、盘类的造型也大体与五代的相近，但器底增厚，圈足开始有所变化；北宋早期的成型方法基本与五代的相近，形制也无多大变化，壶、罐类仍然多为瓜棱形（图1-34），碗、盏亦保持五代的唇口（图片1-35）和花口（图1-36）式样。

图1-34　宋青白釉执壶残件

图1-35　湖田青白釉唇口碗

图1-36　宋青白釉莲瓣碟

　　从釉色来看，北宋早期青白瓷釉色有从五代白瓷过渡的明显痕迹。五代景德镇白瓷，釉色白而微泛青色，釉层较青瓷厚，但比宋代青白瓷薄，其中有一部分透明见胎，胎体凹陷处及圈足与器壁转折处的积釉微呈水绿色。

　　宋代早期青白瓷多介于五代白瓷和宋代中期青白瓷之间，釉色灰白、微黄或泛青色，有光泽，开细纹片，釉层较薄，有的在积釉处偶尔出现漂亮的水绿色（图1-37）。

图 1 - 37　宋影青葵口碟

胎、釉的化学组分见表 1 - 1、表 1 - 2、表 1 - 3。[30]

表 1 - 1　白虎湾青瓷胎、釉的化学组分(五代)

品名	厚度(毫米)	氧化物含量(%)											
		SiO_2	Al_2O_3	CaO	MgO	K_2O	Na_2O	Fe_2O_3	TiO	P_2O_5	MnO	FeO	总量
胎	2—4	75.16	16.92	0.40	0.64	2.37	0.14	2.19	1.21	0.05	0.02	1.41	100.37
釉	0.1	62.22	14.76	17.18	1.35	1.94	0.27	1.43	0.29	0.71	0.18	0.56	100.49

表 1 - 2　杨梅亭白瓷胎、釉的化学组分(五代)

品名	厚度(毫米)	氧化物含量(%)										
		SiO_2	TiO_2	Al_2O_3	Fe_2O_3	CaO	MgO	K_2O	Na_2O	MnO	FeO	总量
胎	3—4	77.48	—	16.93	0.77	0.80	0.51	2.63	0.35	0.14	0.43 0.57	99.58
釉	0.19	68.77	0.04	15.47	0.99	10.92	1.16	2.60	0.24	0.23	0.43	100.16

表 1 - 3　白虎湾瓷胎的化学组分(北宋早期)

品名	厚度(毫米)	氧化物含量(%)									
		SiO_2	TiO_2	Al_2O_3	Fe_2O_3	CaO	MgO	K_2O	Na_2O	MnO	FeO	总量
胎	3—4	74.58	0.33	19.24	1.12	1.27	0.20	2.35	0.56	0.13	0.65	99.78

　　宋代早期青白瓷与五代白瓷一样,胎由单一的瓷石制成,釉则为重石灰釉,都烧还原焰,化学组成变化不大。由于取上层瓷石、釉石,釉色的变化与还原焰控制技术有关。

　　在装烧技术方面,北宋早期和五代也有继承关系,如五代的支钉叠烧法(图 1 - 38、图 1 - 39)北宋早期还在用,只不过北宋早期的装烧方法过渡到以匣钵仰烧为主。装烧方法不同,器物的质量与风格当然也有差别。

 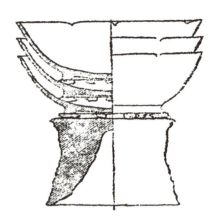

图1-38　湖田窑五代青白瓷碗残件上的支钉痕迹　　　　图1-39　支钉叠烧图

因此,宋代景德镇青白瓷是合乎历史逻辑的产物,也是五代白瓷发展演变的结果。

专家的古窑址考古调查和研究结果,充分证明了这一点:

"追溯景德镇宋代青白瓷发展的渊源,它的制作工艺并非偶然发生的,而是经历了一个由偶然到必然,由不成熟向逐渐成熟的漫长发展的历程。在景德镇地区晚唐至五代之际窑业遗址上,从与支钉叠烧的青釉瓷共存的白瓷中,就可初见青白瓷釉的端倪;有的白瓷釉质在煅烧时的垂流痕呈青绿色,玻璃质很强,利用三十倍显微镜观察它的发泡率,与北宋中、晚期较成熟的青白釉质是一脉相承的,如出一辙。由此可见,在晚唐、五代之际景德镇青白釉瓷已初具雏形。"[31]

注释:

[1](宋)蔡襄《茶录》记载:"茶色白,宜黑盏……其青白盏,斗试家不用。"

[2](宋)吴自牧《梦粱录》卷十三"铺席"条载:"平津桥沿河布铺……青白碗器。"

[3](宋)耐得翁《都城纪胜》"铺席"条载:"都城天街……有大小铺席,皆是广大物货,如平津桥沿河……青白碗器铺之类。"

[4](宋)赵汝适《诸蕃志》卷上载:"真腊国……番商兴贩用金银、瓷器、假锦、凉伞、皮鼓、酒、糖、醯醢之属。""阇婆国……番商兴贩用夹杂金银……漆器、铁鼎、青白瓷器交易。"

[5](清)陈浏《陶雅》载:"永乐影青脱胎碗,最为可贵。脱胎乃瓷质极薄之谓,若画之没骨者。碗形往往不能正圆,亦脱胎岁久所致,其所影之花,两面莹澈,可以互鉴,惟款识亦然。""明窑影青压手杯,其薄如纸,即万历昊十九之卵幕杯也。"

[6](清)许之衡《饮流斋说瓷》载:"素瓷甚薄,雕花纹而映出青色者,谓之影青。"

[7](清)许之衡《饮流斋说瓷》载:"影青固甚薄之瓷也,乃有瓷质颇厚仅能一面影出青色雕花者,此则名为隐青。"

[8]邓之诚《骨董琐记全编》卷一(北京出版社,1996年版第64页)载:"宋定白而不莹,其莹者罩青也。"

[9](清)王泽洪修、吴俊等纂《饶州府志》(清康熙二十二年黄家遴增刻本)卷十一《陶政》载:"唐武

德二年,陶人献假玉器,由是置务。"

[10](清)吴允嘉《浮梁县志·陶政》载,"陶厂:唐武德四年,里人陶玉献假玉器,由是置务"。另一说为"陶厂:自武德二年,陶人献假玉器,由中始置镇,因名,以奉御董造"。

[11]清同治版《饶州府志》亦载:"唐武德二年,里人陶玉献假玉器,由是置务设镇,历代相因。"

[12]明崇祯十年(1637年)碑记载:"唐武德二年建有陶厂。"原碑在景德镇御窑厂旧址,今景德镇市政府所在地,高237.5厘米,宽110厘米。碑的原名为"关中王老公祖鼎建贻休堂记"。

[13]景德镇马鞍山西麓云门教院断碑记载了唐人颜真卿与陆士修等中宵茗饮联咏一事,有"素瓷传静夜,芳气满闲轩"之句,句中的"素瓷"即指唐代景德镇所产白瓷。蓝浦《景德镇陶录》卷八《陶说杂编上》载:"颜鲁公建中时守郡,行部新平。陆士修与公友善,来游新平,同止云门教院数日。《中宵茗饮联咏》有'素瓷传静夜,芳气满闲轩'之句,载云门断碑。"颜鲁公即颜真卿,曾任饶州刺史,事载《新唐书》《旧唐书》。清同治版《饶州府志》载,颜真卿"为御史唐某诬劾,贬饶州刺史"。"建中"为唐德宗李适执政时的年号。《中宵茗饮联咏》载于清朝学者彭定求、杨中讷编,成书于康熙四十五年(1706年)的《全唐诗》。

[14]景德镇制瓷业经验靠师徒相传,并且在招徒课徒方面立规建制并相沿成习。立于清同治年间的"奉宪永禁碑"对此规矩有约定。碑曰:"古来旧章……佣工三年圆满,造台封禁。今遵唐宋以来古例,切不可扰乱章程。"原瓷板发现于景德镇市莲花塘,高21厘米,宽23厘米。文中有"唐宋以来古例"字样。从该文献来看,唐时景德镇(昌南镇)瓷业即采用延续至清末时的课徒招徒制。

[15]蓝浦《景德镇陶录》卷一《图说景德镇》:"景德镇属浮梁之兴西乡,去城二十五里,在昌江之南,故称昌南镇,其自观音阁江南雄镇坊至小港嘴,前后街计十三里,故又有陶阳十三里之称。水土宜陶,陈以来,土人多业此。"

[16]蓝浦《景德镇陶录》卷五《景德镇历代窑考》"唐朝"条中正式称"陶窑"和"霍窑"。"陶窑"条称:"陶窑,唐初器也,土惟白壤,体稍薄,色素润,镇钟秀里人陶氏所烧造,《邑志》云,唐武德中,镇民陶玉者,载瓷入关中,称为假玉器,且贡于朝,于是昌南镇瓷名天下。""霍窑"条称:"霍窑,窑瓷色亦素,土墡腻质薄,佳者莹缜如玉,为东山里人霍仲初所作,当时呼为'霍器'。《邑志》载,唐武德四年,诏新平民霍仲初等制器进御。"

[17]乾隆四十八年版《浮梁县志》载:"新平霍仲初,制瓷日精巧,唐兴素瓷在天下,仲初有名。""武德四年,有民陶玉者,载瓷入关中,称为假玉器,献于朝廷,于是仲初等暨玉制器进御。"

[18]蓝浦《景德镇陶录》卷八《陶说杂编上》载,唐代景德镇(昌南镇)设有专门管理窑务的机构"监务厅",并载,"唐褚绥字玉衡,晋州人,景隆初为新平司务。会洪州督府奉诏需献陵祭器甚迫,绥驰戟门,力陈岁歉,户力凋残,竟获止"。

[19](清)佚名《南窑笔记》载:"新平之景德镇,在昌江之南,其治陶始于季汉。埏埴朴素,即古之土脱碗也。陈至德元年,相传有贡陶础者,不堪用。而至隋大业中,始作狮、象大兽二座,奉于显仁宫。令太原陶工制造,入火而裂。迨李唐继起,陶日以工,始有素瓷上釉之法。"

[20]浮梁县地方志编纂委员会编纂的《浮梁县志》(方志出版社,1999年版,第714页)载:"水家车文化遗址,位于今王港乡水家村,该遗址发现的遗物有磨制石锛、陶器、残片、体网纹、绳纹、圈点纹,还发现瓷罐葬及骸骨,根据景德镇市文物鉴定小组考察分析,为新石器时代遗址。"

[21]江西省文物考古研究所 2000 年 12 月对浮梁县境内的古文化遗址发掘核定书中称:"根据江西省文物考古研究所与贵办公室签订的古文化遗址发掘协议,我所于 2000 年 11 月派出专业队伍进驻现场,进行古文化遗址抢救性发掘工作,发掘工作至 12 月中旬圆满完成。发掘地点共布方 26 个,面积共计886 平方米。遗存有陶器、石器、玉器及各种生活遗迹。陶器主要有瓮、尊、折肩罐、杯、圈足器等几类;纹饰主要有素面、方格纹、菱形纹、网纹、编织纹、叶脉纹、曲折纹、云雷纹等;纹样以拍印为主,少量刻划;石器主要有穿孔石刀、无孔石刀、镞、锛、斧、祖、纺、砺石、砍砸器、刮削器等;玉器有玉环等。该遗址遗存十分丰富,在浮梁县境内的商周遗址也仅发现这一处。它不仅把蛟潭古人类活动的历史上溯到了三千年前,也为我们研究赣东北的先秦历史文化面貌提供了极具价值的实物资料,意义重大。"

[22]彭涛,石凡.白瓷鉴定与鉴赏[M].南昌:江西美术出版社,2004:17.

[23]景德镇市地方志编纂委员会编纂的《中国瓷都·景德镇市瓷业志》(方志出版社,第 726 页)载:"1982 年 5 月间,景德镇太白园附近落马桥基建工地发现一处唐代瓷窑,堆积厚达 7 米,地表层早年被扰乱。从堆积的底层出土的青瓷碗分析,形制为敞口,腹壁斜削,内底微下塌,玉璧形底。底足边沿粘结有五个泥支钉。浅灰色胎,胎壁厚重。通体施釉,釉呈淡蟹壳青色,青中泛黄的成分较多,开冰裂细片,釉面有气泡,器底处有垂釉现象,釉薄而较透明。落马桥窑所出青瓷碗,与浙江诸暨牌头茶场唐贞元十年(794年)和浙江上虞联江帐子山贞元十七年(801 年)墓所出青瓷碗相同。考古报告指出,景德镇五代青瓷的特征是'9 个至 12 个支钉不等,圈足壁要比唐中晚期的玉璧形底明显减薄,且足也稍高,胎质更致密……釉呈纯正的蟹壳青色'。"

[24]罗学正、黄云鹏《景德镇唐瓷浅析》,载《景德镇陶瓷》,1993 年第三卷第一、二期,第 96 页。罗学正、黄云鹏两位古陶瓷学者在发现唐代"大和五年"青瓷碾残器的地方,先后采集到与此器物胎质、釉色完全一致的碗残片 12 块、罐残片 2 块。他们从瓷质、器物形制以及装烧工艺等方面进行综合研究,得出如下结论:"青瓷碾与采集的碗、罐胎釉特征完全一致,应属于同一时代、同一窑口生产的产品,上刻'大和五年'铭文,定为唐文宗'大和五年',符合历史逻辑。又因上述标本采集于窑址或窑址附近,无疑属于当地窑工所造。……与唐代有关文献关于瓷器的记叙相吻合。"

[25]张文江.景德镇南窑遗址考古发掘的重要收获[J].东方博物,2014(2):81.

[26]徐长青,张文江.景德镇(乐平)南窑学术研讨会综述[N].中国文物报,2014 - 12 - 19(6).

[27]周建红,周筠.南窑:一座尘封千年的瓷业遗存:景德镇乐平唐代南窑遗址考古发掘始末[J].景德镇陶瓷,2015(3):5.

[28]秦大树,刘静,江小民,等.景德镇早期窑业的探索:兰田窑发掘的主要收获[J].南方文物,2015(2):128 - 137.

[29]刘新园.景德镇湖田窑各项典型碗类的造型特征及其成因考[J].文物,1980(11):50 - 52.

[30]罗学正.景德镇早期白瓷向青白瓷过渡考略[J].中国陶瓷,1986(6):29 - 32.

[31]赵曰斌."饶玉"新证[J].景德镇陶瓷,1990(4):32.

第二章　宋代景德镇青白瓷历史分期和各时期面貌及其特征

一、青白瓷兴起和昌南镇改名为景德镇的文献考察

（一）文献考察

1. 设"景德"镇与"景德"年间窑业关系的文献考察

景德镇市地方志编纂委员会编纂的《景德镇市志》称，"景德镇之名始于宋景德元年（1004年），事载《宋会要辑稿》：'江东东路饶州浮梁县景德镇，景德元年置。'"。在此之前，晋称新平镇，唐称昌南镇。

关于宋代设"景德"镇与此地瓷业的关系，文献中屡见记载。

清《南窑笔记》记载："景德陶之著名，则在于宋。盖因陶工制'景德'年号于器底，故天下咸知有景德之窑。"

清代蓝浦《景德镇陶录》卷五《景德镇历代窑考》"景德窑"条载："景德窑，宋景德年间烧造，土白壤而埴质薄腻，色滋润。真宗命进御瓷器，底书'景德年制'四字。其器尤光致茂美，当时则效著行海内，于是天下咸称景德镇瓷器，而昌南之名遂微。"（图2-1）

明人王宗沐编纂的嘉靖版《江西省大志·陶书》（明嘉靖三十五年刻本）载："陶厂景德镇在今浮梁县西兴乡，水土宜陶，宋景德中始置镇，因名，置监镇一员。"（图2-2）

图2-1　《景德镇陶录》中的记载

图2-2　《江西通志·陶书》中的记载

道光十二年(1832 年)版《浮梁县志》卷八载:“宋真宗遣官制瓷贡于京师,应宫府之需,命陶工书建年‘景德’于器底,天下于是知有‘景德’之器矣。”

清乾隆朱琰《陶说》(该书首刊于乾隆三十九年,即 1774 年)卷三《说明 · 饶州窑》载:“饶州府浮梁县西兴乡景德镇,水土宜陶。镇设自宋景德中,因名。置监镇,奉御董造,饶州窑自此始。”(图 2 –3)

清代谢旻等修《江西通志》卷二十七(雍正十年刻本):“饶州府……瓷器,浮梁县景德镇出。按《江西大志 · 陶书》云,陶厂景德镇在今浮梁县西兴乡,水土宜陶。宋景德中,始置镇,因名,置监镇一员。”(图 2 –4)

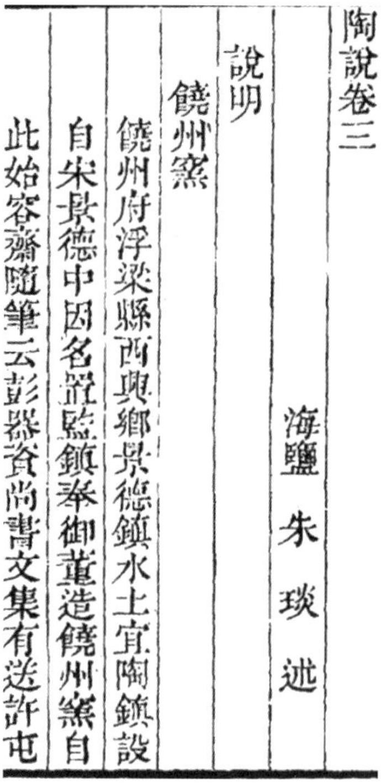
陶說卷三
海鹽 朱琰 述
說明
饒州窰
饒州府浮梁縣西興鄉景德鎮水土宜陶鎮設
自宋景德中因名置監鎮奉御董造饒州窯自
此始容齋隨筆云彭器資尚書文集有送許屯

图 2 –3 《陶说》“饶州窑”条

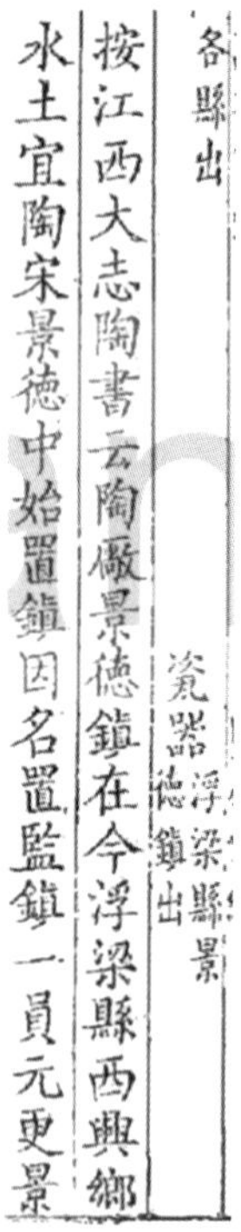
各縣出　瓷器浮梁縣景德鎮出
按江西大志陶書云陶廠景德鎮在今浮梁縣西興鄉
水土宜陶宋景德中始置鎮因名置監鎮一員元更景

图 2 –4 《江西通志》中的记载

2. 景德镇历史沿革的文献考察

景德镇历史沿革脉络为(至宋真宗时):春秋战国时,地属古番,春秋时为楚东境。《史记》载:楚昭王十二年(前 504 年),吴伐楚取番,吴灭入越,越灭入楚。秦始皇二十六年(前 221 年),置三十六郡,地属九江郡番县。二世二年(前 208 年),复属楚。西汉高帝五年(前 202 年),番县称番阳县,东汉改为鄱阳县。地属豫章郡鄱阳县。三国属吴。西晋属江洲,东晋地设新平镇。唐高祖武德二年(619 年),于鄱阳东界置新平乡。武德四年(621 年),安抚使李大亮请置新平县。新平镇因为处于昌江之南,故又名昌南镇。

关于县名的来源,《唐书 · 地理志》中说:“本新平。”《郡县释名》说,“以溪水时泛,民多伐木为梁也”(图 2 –5),故名浮梁。

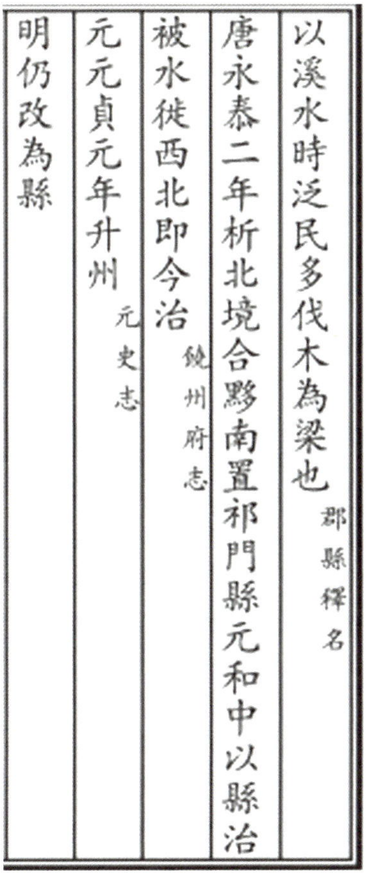
以溪水時泛民多伐木為梁也 郡縣释名
唐永泰二年析北境合黟南置祁門縣元和中以縣治
被水徙西北即今治 饒州府志
元元貞元年升州 元史志
明仍改為縣

图 2－5　《郡县释名》中的记载

关于浮梁县名的来源，还有一说为："洪水泛梁木横新昌江口，人因以济，故曰浮梁。"县属鄱阳郡（肃宗乾元元年又名饶州）。代宗永泰二年（766 年）析北境与歙州合黟县南置祁门县。南唐属永平军。宋太祖开宝八年（975 年），南唐降，复饶州，浮梁属饶州，为望县，隶江东路。宋真宗景德元年（1004 年），因昌南镇烧造瓷器贡于朝有名，置景德镇，属浮梁县。从此，景德镇名一直延续至现在。[1]

（二）对文献的归纳

通过考察以上文献，可以做出如下归纳：

1. 由昌南镇改名景德镇，即景德镇置镇的时间为宋真宗景德元年（1004 年）。

2. 其时，景德镇归浮梁县管辖，位于浮梁县西兴乡。此时，浮梁县归饶州府管辖。

3. 景德镇得名，缘于该地生产一种"土白壤而埴质薄腻，色滋润……光致茂美"的瓷器（即青白瓷）。这种瓷器不仅广为流传，为天下百姓所用，正如蒋祈在《陶记》中所言："江、湖、川、广，器尚青白。"而且被作为贡品进献于朝廷，为当时的宋真宗所喜爱，并命人书"景德年制"四字于器底，结果"天下咸称景德镇瓷器，而昌南之名遂微"。因此，青白瓷为该地赢得了以皇帝年号命名城市的殊荣。

正因如此,史籍中记载的"新平治陶"之"新平"与"昌南镇"及"饶州"等都是同指一名——"景德镇","饶州窑"则是指"景德镇窑"。

虽说"景德"一名源于进御之青白瓷,但此内容仅见于历史文献记载,得名千年以来,一直没有发现器底书"景德"二字的宋代青白瓷。这曾被认为是千年之谜和千年遗憾。幸运的是,这一谜底与憾事,近年为景德镇本地青白瓷收藏家周剑所解。在其藏品中,发现了器底书"景德三年"底款的宋代景德镇青白瓷。至此,既有文献记载,又有器物标本佐证,宋真宗在景德元年即公元1004年把"景德"年号赐予昌南镇,将昌南镇改名为"景德"镇是历史事实。

二、宋代景德镇青白瓷历史分期和各个历史时期的面貌及其特征

(一)宋代景德镇青白瓷历史分期及其特征

要考察和探讨宋代景德镇青白瓷的历史分期问题,我觉得,首先必须考察和探讨构成和决定不同历史时期制品风貌、特征与风格的胎、釉原料等物质材料,决定制品烧成效果的装烧工艺以及各个时期的器物形制、装饰技法、纹样及风格等。只有在逐一考察的基础上,我们才能对其分期问题做出准确的判断。

1. 宋代景德镇青白瓷制胎原料

从考古发现、文献记载和现代科学技术测试结果来看,景德镇青白瓷在北宋、南宋所用的原料和釉料是有区别的。原料和釉料不同,所制器物的胎质、釉质及风格都不同。

当然,从总体来看,整个宋代景德镇青白瓷所用的原料和釉料是相同的,都是单一瓷石成瓷,都是用传统的釉果、釉灰配釉。因此,从总体来看,整个器物的呈色和胎质大体上一致。但起决定作用的,往往是物质的细部。据专家考证,北宋和南宋尽管都是用景德镇本土瓷石制胎,但所用瓷石所处层位不同,化学组成和物理性能各不相同。正因如此,北宋和南宋的青白瓷风格也不尽相同。

1)北宋景德镇青白瓷制胎原料

已故著名陶瓷专家周仁先生在考察宋代景德镇窑址时拾得宋青白瓷(影青瓷)片数块,其情况为:

S9-1 宋湖田窑影青碟碎片,1954年周仁先生在景德镇东南部的湖田古窑址拾得。釉为影青色,薄处无纹,厚处开纹片,微有气泡。胎白而粗,似未烧熟。断面厚薄均匀,微有气孔。透光度好。

S9-2 宋湖田窑影青碗碎片,共2片。内面有刻花。来源和胎、釉、色泽同 S9-1。

S10-1 宋湘湖窑影青碗碎片,共2片。1954年,周仁先生在景德镇东部的湖田古窑址拾得。碗底足较浅大,无釉,留有垫烧痕。胎、釉、色泽与 S9-1 相同。断面厚度比较均匀。

周仁先生对这些瓷片做了科学测试,测试结果如表 2 - 1、表 2 - 2、表 2 - 3、表 2 - 4 所示。

表 2 - 1　胎的化学组分(%)

编号	系列	氧化物					
		SiO_2	Ti_2O_3	Al_2O_3	Fe_2O_3	CaO	MgO
S9 - 1	南方影青釉瓷	76.24	0.06	17.56	0.58	1.36	0.10
S9 - 2	南方影青釉瓷	74.70	0.03	18.65	0.96	1.01	0.50
S10 - 1	南方影青釉瓷	75.41	0.35	18.15	0.81	0.96	0.63

表 2 - 2　釉的化学组成(%)

编号	系列	氧化物					
		SiO_2	Ti_2O_3	Al_2O_3	Fe_2O_3	CaO	MgO
S9 - 2	南方影青釉瓷	66.68	痕量	14.30	0.99	14.87	0.26
S10 - 1	南方影青釉瓷	67.26	0.12	17.08	0.93	10.05	1.90

表 2 - 3　瓷胎的烧成温度

编号	系列	时代和品名	胎的烧成温度/℃	胎的烧成情况	孔隙度/%
S9 - 2	南方影青瓷	宋湖田窑影青碗碎片	1100—1150	微生烧	0.48
S10 - 1	南方影青瓷	宋湘湖窑影青碗碎片	1250 ± 20	过　烧	0.36

表 2 - 4　宋代景德镇(早期)青白瓷的瓷胎显微结构

编号	时代和名称	矿物组成/%(重量)			气孔体积	石英颗粒直径/mm	
		石英	莫来石	玻璃		平均大小	最大
T2 - 1	唐胜梅亭窑白碗碎片 (后断代为五代)	33.1	14.5	52.4	3.9	0.04	0.08
S9 - 2	宋湖田窑影青碗碎片	27.0	16.7	56.3	6.9	0.04	0.09
S10 - 1	宋湘湖窑影青碗碎片	19.5	16.6	63.9	7.0	0.04	0.11

"从以上这些情况看来,我们认为唐、宋古瓷所使用的原料可能仅是瓷石一种。"[2]

景德镇地区出产的瓷石(图 2 - 6),其组成成分包括绢云母、高岭石等黏土矿物。它由长英岩蚀变而成,其中长石转变为绢云母、水云母和少量高岭石,故景德镇瓷石经水碓(图 2 - 7)粉碎后加水就有较强的可塑性。如果用上层瓷石(烧结温度较高的所谓高温瓷石,即硬质瓷石)作坯,在 1200 ℃左右的温度下烧成,瓷器也不会变形。元以前的景德镇仅用瓷石这一种原料制胎。

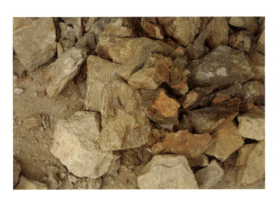

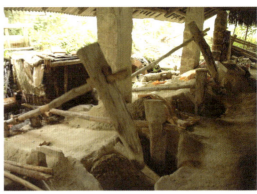

图 2－6　景德镇瓷石

图 2－7　水碓

南宋蒋祈《陶记》曾记载，其时景德镇青白瓷为“景德镇陶，昔三百余座，埏埴之器，洁白不疵，故鬻于他所，皆有‘饶玉’之称”（图 2－8）。

蒋文中所称的“埏埴之器，洁白不疵”，有“饶玉”之称的青白瓷器当时也是用当地瓷石作为唯一原料。关于这一点，蒋祈在《陶记》中亦有阐述：“进坑石泥，制之精巧。湖坑、岭背、界田之所产，已为次矣。”（图 2－9）

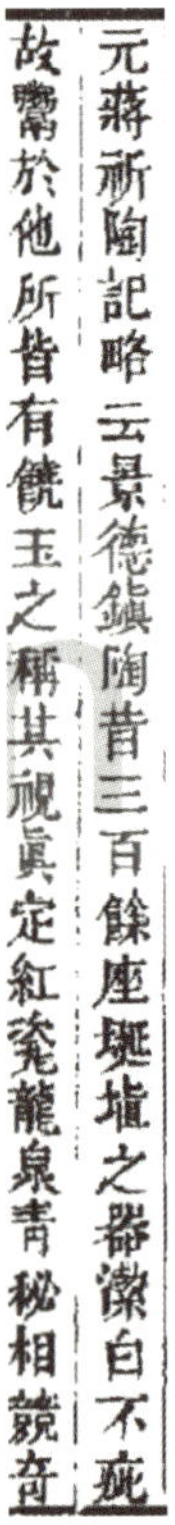
元蔣祈陶記略云景德鎮陶昔三百餘座埏埴之器潔白不疵
故鬻於他所皆有饒玉之稱其視眞定紅瓷龍泉青秘相競奇

图 2－8　道光版《浮梁县志》转引自《陶记》的文字

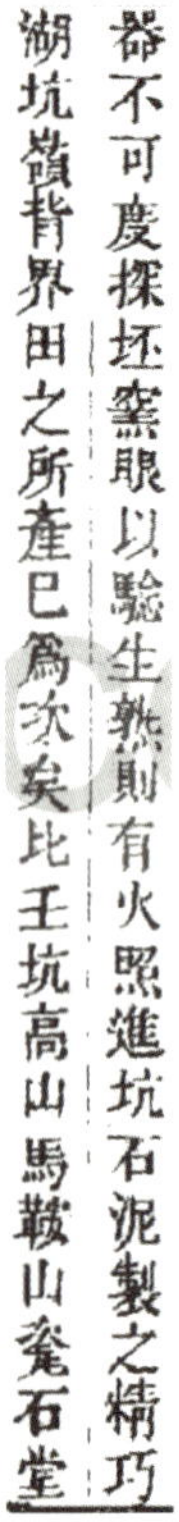
器不可度探坯窯眼以驗生熟則有火照進坑石泥製之精巧
湖坑嶺背界田之所產已爲次矣比壬坑高山馬鞍山瓷石堂

图 2－9　道光版《浮梁县志》所引《陶记》中关于景德镇瓷石的记载

已故著名陶瓷专家傅振伦先生指出：“这些是生产造瓷原料的地方。”[3] 傅注只简略地注释了此句，但肯定地指出“进坑石泥”等为“制瓷原料”。

白焜在《宋·蒋祈〈陶记〉校注》中则做了较为详尽的注释：

"进坑石泥"：进坑，即今景德镇东 8.5 公里之进坑村。"石"即瓷石——"经过后期热液变化，其中之长石部分或全部变为绢云母和高岭石的长英岩或正常长英岩"。"石泥"，用瓷石舂打成粉，经水选而制成的泥料。《景德镇陶录》卷一："陶用泥土，皆采石制练，土人设厂采取，藉溪流为水碓舂之，澄细，淘净如砖式，曰白不（dūn）。"

今进坑村尚存粉碎瓷石的水碓。

"制之精巧"：从湖田窑出土的宋代分别刻有"进坑"（图 2-10）与"试下项泥"（图 2-11）（下项村即岑背地区的瓷石产地之一）的青白瓷残器来看，前者胎骨洁白，透光度极好，釉色如水似玉，白里微微泛青，极为精美。而后者釉色青中泛灰，胎骨亦不如进坑泥制品白，透光度亦不如前者。这种状况，与蒋祈《陶记》所载相吻合。

图 2-10　刻有"进坑"字样的瓷片　　　　图 2-11　刻有"试下项泥"字样的瓷片

"湖坑、岭背、界田"："湖坑"，疑为今湖田以南 2.5 公里处的三宝蓬。该地至今仍是景德镇重要的瓷石产区。从散布在其附近的众多五代白瓷窑址来看，该矿区约有 1000 年左右的开采历史。"岭背"："岭"，即景德镇以南 9 公里处的牛角岭，"岭背"即指牛角岭南麓的邱冲坞（距镇 11.5 公里）与下项村（距镇 13 公里，属乐平县管辖）一带，当地农民与乐平人仍称此地为"岭背"。该地区为浮梁县与乐平县的交界处，盛产瓷石与釉果（即下文所说的"釉泥"）。从湖田窑北宋文化层出土的刻有"下项"铭文的试烧瓷器的"照子"来看，岭背地区在北宋时期即已开采瓷石、舂制瓷土。"界田"：即今景德镇东北 34 公里处的界田村，界田以南 4 公里之"壬坑"即产瓷石，界田"石泥"当指此[4]。

景德镇陶瓷考古专家指出，"考文中所列制胎原料的产地：'进坑'在今景德镇市（以）东八点五公里（的）南安公社进坑生产队；'湖坑'即湖田（三宝蓬）；'岭背'为牛角岭背；'界田'即景德镇东南三十五公里的界田村。这些地方均为瓷石产地。因而得知，他所说的'石泥'，就当然是采用某种机械方法（水碓）把上述地区的瓷石（其硬度在莫氏 4—7 度之间）舂打成粉，经水洗而制成的泥料。显然，其时的瓷胎是使用一种原料——瓷石类型的原料制备而成的"[5]。

宋代景德镇用单一瓷石制成瓷器，有其科学依据。如前文所述，瓷石中含有一定的石英、绢云母，而这种矿物组成的瓷石可以单独制瓷。

日本学者吉木文平在《非金属矿物工学》中指出,日本全国范围内使用的天草瓷石、有天瓷石等各种矿物,经过近年来的研究,已判明均是以石英和绢云母为主体的矿物……绢云母作为陶瓷原料的效用,在成型时与高岭土一样赋予坯料以可塑性,在烧成时与长石一样起着熔剂的作用,即瓷石兼有高岭土和长石的用处,并且因含有石英,可单独用作原料,经过烧成也可以成瓷[6]。

根据科学测定,"景德镇瓷石的矿物组成一般为:石英58%,绢云母27%—34%,高岭石仅2%—12%"[7]。

从宋代景德镇陶瓷专业文献和考古发掘材料来看,宋代景德镇仅用瓷石一种原料烧制青白瓷。据景德镇陶瓷考古专家研究:南宋以前,景德镇制作和生产青白瓷,仅用瓷石一种原料。蒋祈在《陶记》中记述当时的景德镇瓷器的瓷胎原料时仅提到"石泥"(即将瓷石舂打成粉加水制成的泥料)一种,罗列出来的瓷用原料产地也只有瓷石产地,既没有记述制胎时除石泥外还须掺入某种与石泥的形态或性质不同的黏土,又没有记述出产高岭土的高岭、李黄与大洲三地。由此可见,在蒋祈所处的时代——南宋中后期,景德镇尚未使用高岭土。

1972年到1977年,在湖田窑宋代地层中发现了刻有"进坑""下项泥""郑家泥"字样的青白瓷碗残片。景德镇陶研所对"进坑"等残片进行了测试,发现遗物的化学组成与瓷石相近。这些实物也表明,当时仅用石泥这一种原料制胎。

从景德镇古瓷石矿与高岭土矿的分布情况来看:高岭土矿较为稀少,在东河一带仅见于高岭、李黄地区,而西河只有大洲一处。从以上三处均未见到元以前的开采遗迹与古瓷窑。而瓷石矿则遍布东、南、西河地区,尤以南河和小南河一带最为密集。凡有这类矿藏的地方几乎都有元代以前的瓷窑。显然,这些瓷窑是因原料近便而设置的[8]。

2)南宋景德镇青白瓷制瓷原料——瓷石

考古和考察情况表明,宋代景德镇青白瓷制胎原料瓷石的分布分上层和下层两个层位。

上层瓷石性能更加优越:其三氧化二铝的含量较高,达17%—19%;钾、钠含量较低,约为3%。

又因为上层瓷石风化程度比中下层大,硬度不高,约为莫氏4度。这种瓷石的矿物组成中含有一定量的绢云母与高岭石,可塑性能较好。

下层瓷石在性能与化学组成上均不如上层瓷石。

据科学测定,南宋时期景德镇用于生产青白瓷的蚀变型下层瓷石的铝氧含量为15%—17%,钾、钠氧化物含量一般为4%—6%,莫氏硬度为5.5—6度。风化型瓷石作为古瓷石矿的两种类型之一,其矿床可分为三层。第一层为半松散性的岩石,铝氧及钾、钠氧化物含量与蚀变型上层瓷石相近。这个层位的瓷石,多为北宋所开采。据研究资料,第三层的铝氧含量仅 13%—15%,钾、钠氧化物高达 5%—7%,硬度为莫氏 6—7 度,焙烧时易变形,景德镇一带称低温(软质)瓷石,而第二层与蚀变型下层瓷石相近[9]。

经科学测试,考古发掘的实物——南宋景德镇湖田窑烧制的芒口碗,其胎中氧化铝的含量仅 16%,印证了上海硅酸盐研究所与国外对该地南宋瓷片的测试结果:其铝氧的含量多在 17% 以下。这一趋势证实:在南宋时代持续烧造的镇窑与湖田窑所使用的制胎原料多为中下层瓷石[10]。

这一点,从下文所列景德镇宋、元瓷器瓷胎化学组分比较表(表 2-5)中[11]可以看出:宋、元时期瓷胎的化学组分是不同的,原因在于元代采用二元配方制胎,而宋代采用一元配方制胎。

表 2-5　景德镇宋、元瓷器瓷胎化学组分比较表

时代	测试标本名称	SiO_2	TiO_2	Al_2O_3	Fe_2O_3	CaO	MgO	K_2O	Na_2O	MnO
宋	湘湖窑影青碗	75.41	0.35	18.15	0.81	0.96	0.63	2.95	0.46	0.09
宋	湖田窑影青高足碗	76.44		16.97	0.81	0.70	0.33	2.99	1.05	0.13
宋	湘湖窑厚沿口白碗	77.39	痕	17.54	0.63	0.54	0.35	2.85	0.21	0.12
宋	湖田窑影青刻划花碗	77.77		16.41	0.89	0.66	0.63	2.71	1.00	
宋	湖田窑影青刻划芒口碟	76.24	0.06	17.56	0.58	1.36	0.10	2.76	1.02	0.03
宋	影青瓷	77.79	0.06	16.16	0.59	0.40	0.16	3.25	1.14	
元初	湖田窑影青芒口碗	72.94		19.86	0.88	0.56	0.30	2.11	2.78	
元	湖田窑"枢府"款小足盘	72.14		20.56	1.72	0.54	0.16	2.44	2.28	
元	湖田窑"枢府"折腰碗	74.29		20.66	0.69	0.31	0.19	2.4	1.63	微
元	湖田窑青花大盘	73.13		20.22	1.04	0.37	0.27	2.68	2.19	微
元	湖田窑青花大盘	72.75	0.53	20.24	0.93	0.24	0.15	2.87	1.78	0.08
元	湖田窑青花大盘	72.64		21.08	0.97	0.20	0.18	2.69	1.52	0.08
元	元大都出土青花大盘	71.95	0.12	20.75	0.84	0.15	0.16	2.73	2.76	0.05

北宋、南宋景德镇青白瓷制作和生产所使用的瓷石原料不同,这是宋代景德镇青白瓷制品有北宋和南宋之分的主要物质基础和原因。

2. 宋代景德镇青白瓷制釉原料

以上我们考察了北宋、南宋时期景德镇青白瓷所用的制胎原料情况。下面我们简略地考察一下宋代景德镇青白瓷所用的釉料情况。

蒋祈在《陶记》中说:"攸山山槎灰之,制釉者取之。而制之法,则石垩炼灰,杂以槎叶、木柿,火而毁之,必剂以岭背'釉泥'而后可用。"

"攸山、山槎灰":即攸山、山槎二地所产之釉灰。"攸山",攸、游同音,即今景德镇与婺源县交界处之"游山",距镇 18 公里。"山槎",即景德镇与乐平交界处之"仙槎",距镇 17

公里。以上两地均盛产石灰石,且柴草茂密,距清代釉灰产地寺前仅10公里左右。

"灰",即釉灰,用石灰与草木灰拌匀而成,在釉中起熔剂作用。

"制釉者",指配釉兼施釉工,即《景德镇陶录》卷三所谓之"合釉工"。

"石垩":"垩",白土也。石垩,指用石头(石灰石)烧炼而成的白色粉末(石灰)。据测试,景德镇宋代瓷釉的化学组分中,氧化钙均高达10%—14%,为重石灰釉。故知"石垩"为石灰石烧制成的白粉。

"釉泥":今称釉果,即风化较浅的瓷石,硬度高,可塑性弱,但钾、钠物质含量较高(6%—7%),耐火度比瓷石低,适宜配釉,故称"釉泥"。

釉灰(图2-12),是景德镇配制瓷釉的原料,系将煅烧的石灰石,投入水中溶解,待其干燥后与凤尾草相间堆叠而成。其主要成分为碳酸钙,此外,含有少量的石英和钾、钠化合物。

蒋祈的《陶记》所记宋代青白瓷的釉料及其制备情况,与今天景德镇仿古作坊中的釉料及其制备过程几乎完全一致,可见蒋祈所记极其准确。这为判别宋代景德镇青白瓷釉料及其制备提供了可信的文献。

图2-12　釉灰

图2-13　釉石

所谓的"釉泥",即指釉石,亦指釉果(图2-13)。釉石与釉果只是同一种物质的两种称呼。它是指一种风化较浅的瓷石,其矿物组成和化学成分与不子(即指瓷石)很接近,主要为绢云母、石英,还有少量的长石。其硬度较高,可塑性弱,钾、钠物质含量较高,耐火度比瓷石低。原矿为坚硬的淡绿色石块,其中助熔剂含量较高。

宋代青白瓷釉的化学组成,根据科学测定,其结果如表2-6[12]所示。

表2-6　宋代景德镇青白瓷釉的化学组成表

品种	朝代	氧化物含量(重量%)									
		SiO_2	Al_2O_3	Fe_2O_3	TiO_2	CaO	MgO	K_2O	Na_2O	MnO	P_2O_5
青釉瓷	五代	62.22	14.76	1.43	0.29	17.18	1.35	1.94	0.27	0.18	0.71
白釉瓷	五代	68.77	15.47	0.73	0.04	10.92	1.16	2.60	0.24	0.23	0.00
青白釉瓷	宋	66.68	14.30	0.99	0.00	14.87	0.26	2.06	1.22	0.10	0.00

续表 2-6

品种	朝代	氧化物含量(重量%)									
		SiO_2	Al_2O_3	Fe_2O_3	TiO_2	CaO	MgO	K_2O	Na_2O	MnO	P_2O_5
青白釉瓷	宋	67.26	17.08	0.93	0.12	10.05	1.90	2.27	0.31	0.15	0.00
青白釉瓷	宋	66.40	14.39	1.16	0.00	14.08	0.56	1.46	1.64	0.00	0.00
青白釉瓷	宋	66.69	15.17	1.11	0.07	13.94	0.44	1.47	0.64	0.06	0.08
青白釉瓷	宋	65.40	13.99	1.06	0.05	15.43	0.60	2.04	1.01	0.09	0.07
青白釉瓷	宋	65.85	13.85	0.83	0.06	14.15	0.64	1.55	2.74	0.09	0.05
青白釉瓷	宋	65.84	14.08	0.70	0.06	16.01	0.72	1.58	0.55	0.05	0.07
青白釉瓷	宋	65.45	15.94	1.33	0.10	11.99	0.53	2.00	2.16	0.09	0.03
青白釉瓷	宋	65.99	14.44	1.11	0.07	14.00	0.62	1.58	1.93	0.07	0.06
青白釉瓷	宋	68.86	14.43	0.93	0.09	10.01	0.75	1.85	2.69	0.07	0.05
青白釉瓷	元	66.48	12.96	0.90	0.12	12.85	0.18	2.24	4.00	0.10	0.13
青白釉瓷	元	67.56	14.07	0.86	0.08	11.98	0.45	2.07	2.92	0.09	0.14

(注:此表未注明品种的"出处"和"总量"。)

宋代景德镇青白瓷釉是用釉石配以釉灰制备而成的,这形成了景德镇釉料制备的传统。

可见,宋代景德镇青白瓷制胎原料——瓷石,以及制釉原料——釉石,基本为同一种原料。

其区别体现在两个方面。一是风化程度不同。从本质和性质上看,两者都是瓷石,只是风化程度不同:制釉用的原料——釉果,是一种风化程度较浅的瓷石或尚未风化的瓷石;而制胎用的原料——瓷石,是一种风化了的或风化程度较深的瓷石,一般分为风化型和蚀变型两种类型。二是化学组成略有不同,釉石中的氧化钾和氧化钠含量比瓷石略高。

釉果和瓷石加工成不子的制作工艺,几乎相同。

因此,北宋和南宋的青白瓷制瓷原料——瓷石不同,其釉料——釉果也随之不同。更何况,景德镇制釉原料往往就用瓷石,或者瓷胎原料直接用釉果。

3. 宋代景德镇青白瓷装烧工艺

陶瓷是火的艺术。火及装烧方式,对于陶瓷烧成的作用,文献中多有记载。

清代著名督陶官唐英在《陶冶图说》中说:"瓷器之成,窑火是赖。"(图 2-14)陶瓷器能否烧成,烧成后效果如何,都取决于火。朱琰在《陶说》中论述火在烧成中的作用时说:"画器调色,与画家不同,器上诸色,必出火而后定。"朱琰在该书中又引谢旻等修、清雍正十年(1732 年)出版的《江西通志》中之句:"造坯彩画,始条理之事也;入窑火候,终条理之事也。"故朱琰又言:"火候得失,开窑而知。"

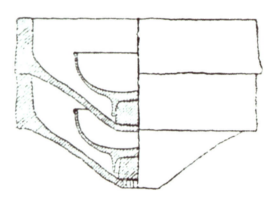

图 2-14 《陶冶图说》中的记载　　　　　图 2-15 仰烧图

督陶官唐英的《陶冶图说》和学者朱琰的《陶说》，都是清代重要的陶瓷文献。而至目前为止所见的第一篇记述景德镇陶瓷的专业文献——蒋祈的《陶记》，对当时的瓷器装烧方法有这样的记载："或覆、仰烧焉。"

这是指宋代青白瓷的两种装烧方法。《陶记》中所说的"仰烧"（图 2-15），即指把瓷坯正放在匣钵中，再把匣钵相套堆叠装窑的烧法。这种烧法在景德镇开始于北宋初年（北宋初年以前使用的是所谓的"支钉叠烧法"），一直沿用到现在。而"覆烧"，则指把口沿露胎、里外满釉的坯件翻转过来，扣在多级垫钵（图 2-16、图 2-17）或支圈（图 2-18、图 2-19）内，再入窑焙烧的方法。

图 2-16 多级垫钵

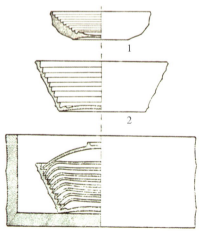

图 2-17 多级垫钵图

图2-18 支圈残片

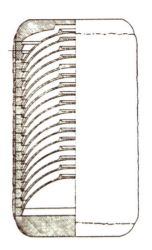

图2-19 覆烧图

在宋代景德镇青白瓷发展的不同历史时期和每个发展过程中,其装烧方法是不同的。装烧方法不同,决定制品风格不同。

因此,有必要进一步考察宋代景德镇青白瓷的装烧方法。

北宋中期至南宋早期,景德镇陶工在覆烧瓷器时,使用一种叫作多级垫钵的覆烧窑具。这类垫钵底小口大,只能装烧由小而大、规格不一的芒口碗盘。这类装有芒口瓷坯的垫钵,需再放进桶式匣钵中去焙烧,故产量不大。当时的窑业堆积中仍以仰烧法生产的瓷器为主,覆烧芒口碗盘仅占总烧造量的10%—20%。这个时期是覆烧开始应用的早期。

南宋中期和后期,由于某种工艺与社会原因,景德镇抛弃了原先使用的多级垫钵,采用了定窑发明的"支圈组合式的覆烧窑具"。这类窑具具备了支垫与匣钵的双重作用,堆叠密度比以往更大,且能装烧规格一致的产品。因此,窑址上的该时期堆积中,覆烧芒口器均在80%以上(仰烧已退居次要地位)。覆烧法在这一时期成为主导烧法。

元代早期和中期,因仰烧法有所改善,并出现了涩圈叠烧法,故堆积中采用仰烧法生产的仅底部无釉的瓷器和采用叠烧法生产的底心去釉的碗盘增多,覆烧芒口瓷器的产量比南宋时期减少了。至元后期,覆烧法已完全被淘汰。因此,元代是覆烧瓷器的没落时期。

从以上史实可以确定:覆烧法最流行的时代是南宋中、后期[13]。

由上面的考察结果可以确认:

北宋早期,从五代时的支钉叠烧过渡到仰烧,北宋中期使用垫钵覆烧法,形成以仰烧为主、覆烧法刚启用的装烧格局。南宋基本使用覆烧法,而南宋中后期流行支圈覆烧。装烧方法不同,制品的质量和效果也不同。

各个时期的装烧方法不同,直接影响了各时期制品的风貌及审美风格。这一点也为考古发现所证实,文献也有所记载。

五代时期,景德镇青瓷、白瓷采用支钉叠烧工艺烧成。烧成时火焰和制品接触,致使釉面常被渣滓污染,成器率较低。而且,由于与支钉接触和由支钉撑烧,制品底心的釉面和圈足边沿留有斑驳的支钉痕迹(图2-20),影响了制品的美观度。

北宋早、中期,青白瓷的装烧工艺发生了重大变革:改五代时的支钉叠烧为单件装匣仰烧。

这种烧成方法和五代的支钉叠烧法不同,是烧成工艺的进步,也使制品的造型、装饰风格发生了深刻的变化。

考古学家考古发现,"湖田窑宋早期(即北宋早中期)的碗类,除圈足内壁露胎外,整个器物釉面完整,与产品堆积在一起的窑具不见垫柱,只有许许多多由耐火土烧成的钵状物和比碗的足径稍小而又比较厚的圈状物或饼状物(图2-21)。这类钵状物即南宋人蒋祈所说的'匣',明人宋应星所说的'匣钵';圈状物或饼状物在明代称'泥饼',清代称'渣饼',现今考古界称为'垫饼'"[14]。

图2-20 支钉痕迹

图2-21 垫饼

文中所说的,便是宋代早期即北宋早、中期景德镇青白瓷仰烧装烧法的遗物。这种装烧方法和五代的支钉叠烧法相比,是装烧工艺的一大进步,具有许多优点,提高了成品率,减少了釉面污染。这是因为使用匣钵装坯,制品在焙烧过程中受热均匀,烧窑时尘渣不会直接侵入釉面,提高产品烧成率,降低生产成本。用匣钵装烧法,可以竖向叠放更多的瓷坯。因此,同样大小的窑用匣钵装烧法比采用支钉叠烧法,容量更大,同时降低了烧制成本,大大提高釉面质量。用匣钵装坯、泥饼垫坯的仰烧法烧成的瓷器,除圈足内底露胎外,整个器物釉面完整,底心没有采用支钉烧制法烧制时留下的斑驳的支钉痕迹,提高了制品的美观度。

对于"覆烧"这个概念,明、清陶瓷文献也有所记载。如清代佚名所著《南窑笔记》记载:"至景德之上相去二十余里,旧有湘湖、莹田、湖田等窑。由五代及宋、元、明出映花素瓷,其边口无釉者为是,盖覆口而烧也。"这是陶瓷文献第一次提道,景德镇湖田等窑,生产这种覆烧的"边口无釉"的"映花素瓷",即"芒口"青白瓷。

垫钵覆烧和支圈组合式覆烧这两种覆烧方法,其结果都是一致的,即烧制出里外满釉、唯有口沿露出一线骨胎的芒口瓷器(图2-22)。与北宋早、中期的仰烧法相比,这两种覆烧法对器物的造型和装饰及风格都产生了影响,都提高了成品率,提高了产量。

图 2 - 22　芒口瓷器

但是,这两种覆烧法也有不同点。

一是出现的时间不同,垫钵覆烧出现于北宋中期。其时,单就湖田窑而言,仍以匣钵单件仰烧的装烧方法为主。从出土遗物看,到北宋中期,80%的器物都是用仰烧法烧制的,垫钵覆烧法刚刚出现,并不占主要地位;支圈覆烧出现于宋代后期,即南宋,并和垫钵覆烧法一起,成为南宋景德镇青白瓷碗盏装烧法的主流。从考古发掘来看,"湖田窑宋后期的窑业堆积中仰烧碗盏与匣钵的数量大为减少,80%以上的都是芒口碗盘和断面呈'L'形的白色瓷质的弧形条状物与大而厚的饼状物。经复原,这是一种不见于前代的巧妙的覆烧窑具"[15];"从湖田窑窑业堆积的层位来看,芒口器出现于北宋中期,只是那里产量并不多,而大量生产的碗类仍以仰烧为多。至南宋,陶工们为了增加窑内的装烧密度,节约瓷器的焙烧费用而大量采用垫钵与支圈,于是仰烧法退居次要地位。覆烧渐占绝对优势,芒口碗就成为这一时期烧造量最大的产品了"[16]。

从宋代景德镇湖田窑考古发掘情况来看,出土实物和这个结论相吻合。

宋代遗存:1978 年底,考古人员在豪猪岭试掘(开深沟一条)。该址除表土外,堆积可分七层,上三层器物以青白仰烧刻花斗笠碗和弧壁浅碗为主,芒口平底碟和鼓腹碗次之。窑具有匣钵、垫饼和灰胎多级覆烧垫钵。第四、五层中出现少量芒口盘与覆烧多级垫盘,但以仰烧高足碗为多。第六、七层不见芒口器,仅有足径较大的仰烧高足碗和匣钵垫饼,不见垫柱。

第六、七层的遗物与五代的器型相近,当为宋初制品。第四、五层中足径稍小的高足碗与江西永新嘉祐五年(1060 年)刘沆墓中的瓷器一致。第一至三层的产品则与湖北政和三年(1113 年)阎良佐墓出土的瓷器相同,故第一至五层的遗物为北宋中、后期制品。

宋末元初遗存:1978 年,考古人员在乌泥岭东坡进行清理,得残窑一座,宽约 2.9 米,残长 13 米,坡度为 14.5°,窑壁残高 0.6 米。窑尾有一烟道(宽 45 厘米,残高 30 厘米,残长 40 厘米,坡度为 25°)。窑内堆积可分三层:第一层有黑釉与白釉粗瓷残片;第二层为窑顶塌落的楔形窑砖层;第三层(即窑床上的遗物)为覆烧支圈和黄褐釉芒口碗、盘,碗、盘的造型与南宋后期的影青芒口碗、盘一致,但质地较粗。有一类外壁无釉的弧壁浅碗曾在重庆北碚大德元年(1297 年)墓出土(现藏重庆市博物馆),故得知该窑为宋代末年或元初生产粗瓷的窑炉[17]。

4.宋代景德镇青白瓷发展的风貌与特征

由于北宋、南宋的社会历史条件不同,人们的审美观点和思想不同,影响了北宋和南宋景德镇青白瓷的风格。北宋和南宋制胎、制釉原料的区别和装烧方法的不同,是形成北宋、南宋景德镇青白瓷不同风格特征的内在原因。

下面,我们来考察一下两个不同的历史时期内青白瓷的不同风貌和特征。

1)近年于北宋早期纪年墓出土的青白瓷

①1980 年,景德镇陶瓷馆清理了景德镇黄泥头窑址,地层共分三层:

上层:有青白瓷高足斗笠碗、高足鼓腹碗残片,从器物形制来看,属北宋前半期制品。

中层:有青白瓷厚唇口、矮足、斜壁碗残片和环状、饼状垫饼及匣钵等窑具。器物形制酷似五代同类器物,只是装烧方法由五代的支钉叠烧改为垫圈(饼)装匣仰烧。综合来看,这些器物属北宋初制品,保留了五代时的特征,又有新的时代气息。

底层:有五代青瓷、白瓷碗、盘、执壶及垫柱残片等,为五代遗存[18]。

②1966 年 3 月,江西德安宋景祐四年(1037 年)纪年墓出土情况如下:青白瓷钵一件,敞口折沿,束颈,折肩,肩以下紧收。胎白质腻,釉色晶莹,开纹片,平底露胎。造型别致,高 9.9 厘米,口径 21.2 厘米,底径 8.2 厘米。

青白瓷盒两件。盖身饰竹节弦纹,盖面饰褐彩五点,施青白釉,色微淡,泛黄,胎白质细,平底露胎。造型新颖,全高 6.6 厘米,子口径 11.2 厘米,母口径 11.5 厘米。

青白瓷执壶两件。壶口平折,似盘口。壶流低于壶口,与把手对称。腹椭圆。圈底无釉。高 14.5 厘米、口径 6.8 厘米、底径 6.5 厘米[19]。

③北宋仁宗天圣三年(1025 年)纪年墓出土情况如下:青白釉点彩瓷盒一件,高 8 厘米,口径 12 厘米,底径 5 厘米。盖正中平顶,子母口,盖口沿及盒中腹稍内凹,圈足。施青白釉,不及底,有细小的开片。盖上饰十处褐斑点彩。

青白釉碗两件。其中一件已残,高 5.8 厘米,口径 16.0 厘米,底径 6.8 厘米。敞口,斜壁,圈足,白胎,釉色青中泛黄。另一件残高 3.6 厘米,底径 7.2 厘米。通体施青白釉,内底饰一道弦纹[20]。

④北宋仁宗景祐二年(1035 年)纪年墓出土葵口碟 1 件,高 3.3 厘米,口径 12.5 厘米。侈口,葵口分六瓣,圈足。胎色泛黄。施青白釉,有开片。内腹饰弦纹一道[21]。

⑤江西九江出土了典型的北宋早期景德镇青白瓷器物,情况如下:

北宋咸平青白瓷钵,高 10.0 厘米,口径 16.1 厘米,底径 8.5 厘米。唇口,折肩,弧腹壁向下收,平底。内外满釉,口沿釉厚薄不均。整器素地无纹饰。支钉匣钵装烧。1972 年于江西九江北宋咸平五年(1002 年)纪年墓出土。支钉装烧盛行于五代,此器的出土,说明北宋宋真宗赵恒咸平年间支钉匣钵装烧还在继续使用[22]。

由此,我们可以对北宋早期景德镇青白瓷的风貌及特征,试做如下分析和概括。

此时的青白瓷,尚属于草创时期,带有草创时期的鲜明特征:

胎质粗糙,质地疏松。青白釉色不纯,多泛黄。釉面开有细小的纹片。釉层稀薄,且施釉多不及底。装饰粗朴,手工拉坯,旋纹为多。器型较五代丰富,但器物形制仍具有五代的痕迹,并向宋代秀丽挺拔之器型过渡。钵由五代时的敛口变为敞口,器身多折肩,器型由浑圆演变为斜腹壁,已有宋青白瓷造型的秀挺之美。瓜棱形壶,形制与五代相似。但器底增厚,壶流也变得细长,流口低于壶口,整个器型显得修长。碗与五代相比,器底厚,圈足高,足径小。器物装烧工艺主要为垫饼匣钵装烧。器底露胎。但仍有许多器物用五代支钉叠烧法烧制,仍有支钉叠烧的风格。

2)北宋中、晚期景德镇青白瓷的风貌及其特征

①江苏镇江南郊北宋熙宁四年(1071 年)章岷墓出土了一批文物。其中,带托茶盏有两种。一种为椭圆形,如盘状。托边向上翘起,镶银边。中连半球形盏。圈足较高,足底有黄褐斑。盏直口,口沿镶银边。腹下胎较厚,口部渐薄。胎质细腻洁白。釉色莹润,隐现冰裂纹。足内无釉,有垫烧痕迹。

另一种为椭圆形。托口高起,沿边下垂,圈足较高。胎白质薄,有冰裂纹。圈足内有垫烧痕迹。盏直口,口部包金边。腹微鼓,下部内收成小平底。底无釉,有垫烧痕迹。

②碗也有两种。一种口沿微敛,口部镶银边。腹鼓。圈足较高,足内无釉,底部有垫烧痕迹。

另一种出土于江苏溧阳北宋元祐六年(1091 年)李彬夫妇墓。口沿外撇,唇尖,为六瓣葵口,镶包银边。高圈足,足内无釉。胎土细腻,胎体很薄。[23]

同墓出土 Ⅱ 式盘。一种为六瓣葵口形,镶银边,圈足矮,盘内划缠枝菊花;另一种为六瓣葵口,包银边,腹浅,圈足矮,足底有垫圈烧制痕迹。

③浙江省武义县北宋元丰六年(1083 年)纪年墓出土的青白瓷器有:

执壶一件,高 16.0 厘米,口径 6.8 厘米,底径 8.5 厘米。侈口,圆唇,直颈,丰肩。腹圆鼓,呈瓜形,较短粗。平底。肩部安管状流。另一侧安扁形柄,柄上有一小环。白胎,胎质坚细,胎体厚重。釉质莹润,釉色为青蓝色,色调较重。

荷叶形碗五件,形制规整,五件完全一样。高 3.6 厘米,口径 10.0 厘米,足径 3.2 厘米。侈口,尖唇,折沿,口沿做成五瓣荷花形,曲腹,平底。圈足较高,足沿尖薄。胎体很薄,胎色洁白,胎质很细。口沿部分釉层极薄,碗底部分釉层较厚,有开片。釉色极淡,釉薄部分几乎是白色,釉厚部分青色明显。圈足内壁不施釉,底心有垫烧痕迹。

芒口小碟两件,高1.8厘米,口径9.0厘米。直口,尖唇,直壁,平底。胎质粗松,色白略红,胎体中有黑色小点。釉层极薄,釉色很淡,芒口。

随葬的陶质明器上有"元丰六年"(1083年)年款,说明此墓是有确切纪年的宋墓,证实景德镇在北宋中期已采用覆烧工艺[24]。

④江西宋代纪年墓出土的青白瓷器情况如下:

1978年,江西德安北宋景祐五年(1038年)刘氏墓出土印花扇盒一件。通高6.5厘米,口径18.0厘米,底径10.0厘米。有盖,平底。盖上印缠枝牡丹、卷草纹饰。盒内堆塑一双髻侍女、一小罐、四朵莲花及荷叶。此盒俗称子母盒,造型精巧,纹饰逼真,施青白釉,底部露胎。

1972年,江西波阳县北宋政和元年(1111年)龙图阁待制熊本妻施氏墓出土花形盒(图2-23)一件。盒呈六瓣花形,子母口,平底。盖面印珍珠地花卉纹样,内外施青白釉。口沿及底部露胎,胎质洁白、致密。底部竖印正楷"汪家记正"阳文款识[25]。

⑤1965年,江西省南城县李营出土北宋嘉祐二年(1057年)青白瓷注碗。通高24.1厘米。注子高15.6厘米,口径2.8厘米,底径7.6厘米。注盖高9.0厘米。注碗高12.8厘米,口径15.6厘米,底径10.0厘米。瓷注直口,细长颈,溜肩,圆鼓腹,矮圈足。肩部有用两泥条捏的扇平曲柄,与柄对称处有弧形流。口上配以圆筒形盖,盖顶塑有坐狮纽。狮由泥条捏成,形态逼真、生动。盖筒上划有莲瓣纹,靠柄的一方镂有一对小孔,作系绳护盖之用。器内、盖内壁、底部均无釉。注子腹中部刻有一周凹弦纹,弦纹以上是水波纹,以下是明显的瓜棱纹。注碗呈六瓣荷花形,像一朵初绽的荷花。高圈足,足略外撇。花瓣口沿下和腹下部各有一道弦纹,两弦纹之间划有水波纹,画面清晰淡雅。

⑥1972年,江西省彭泽县湖西公社出土北宋元祐五年(1090年)青白瓷葵口碟(图2-24)。高2.1厘米,口径11.2厘米,底径3.6厘米。器呈十瓣花形,造型别致,制作精巧。每瓣之间以直线阳纹相隔,犹如一朵成型的葵花。釉色晶莹,开冰裂细片。整器素面无纹。卧足,垫饼匣钵装烧。底部无釉,胎质洁白细腻,胎薄见光,具有明显的仿金银器物特征[26]。

图2-23　花形盒

图2-24　青白瓷葵口碟

　　由此,我们可以将北宋中、后期青白瓷的面貌和特征,概括如下:

　　青白瓷胎质精细,胎壁薄腻,体薄透光。釉色莹润亮丽,釉质如玉,釉面晶莹碧透。造型秀美精巧。装饰以刻花、划花为主,印花装饰渐趋流行,纹饰仍以莲荷、牡丹、菊花等为主,手法简练,技巧娴熟。成型工艺为手工拉出粗坯,再用旋坯法成型,使器坯薄腻规整,胎薄透光。装烧方法以仰烧法为主。垫钵覆烧法所烧芒口瓷亦不鲜见,且芒口常镶金包银。五代时的支钉叠烧法亦有遗留。器物品种日渐丰富。除纯正的青白釉外,青白褐色釉也是常见釉色。

　　陶瓷考古专家撰文指出:"从江西大量宋墓出土器物看,北宋初期景德镇青白瓷白色偏黄,釉质较差,施釉不及底(图2-25)。到北宋中晚期景德镇青白釉的釉质晶莹如玉,白中闪青,凝釉处呈水绿色,光泽度、透光度强。"[27]

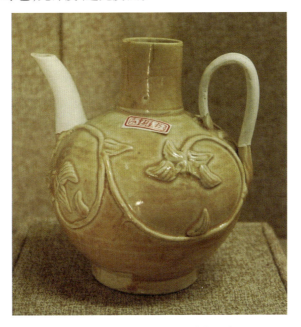

图2-25　北宋初期景德镇青白瓷

　　这种状况,也为宋代景德镇湖田窑考古发掘报告所证实[28]。

　　这说明,北宋时期景德镇青白瓷的发展确实经历了兴烧、发展、成熟,最终形成典型的青白瓷这样一个过程,并形成了独特的景德镇青白瓷风格。这说明,北宋时期景德镇青白瓷应该作为一个独立的历史分期,只是经历了两个过程。至南宋,其风格又为之一变,至南宋晚期,又呈现另一种独特的风貌与特征。

　　3)南宋景德镇青白瓷的风貌和特征

　　我们先来考察一下外省(市)出土的南宋景德镇青白瓷。

　　最集中、最有代表性的,莫过于四川窖藏南宋景德镇青白瓷。在南宋窖藏中,以四川遂宁的最为突出。

四川遂宁窖藏的南宋景德镇青白瓷如下：

1991年9月，考古人员在四川省遂宁市金鱼村发现罕见的宋代瓷器窖藏，出土瓷器985件和其他器物。瓷器是窖藏大宗器物。所窖藏的985件瓷器中，经专家认定，产于13世纪中叶即南宋时代的景德镇青白瓷有600件，占总数的近三分之二。器型有16种：梅瓶、香炉、口部内敛的深钵、蛙形水盂、笔洗、印盒、水注、瓶、盆（研钵）、钵、小壶、杯、碗、碟、盘、器盖等。

其中，梅瓶为小口长圆体形。遍体刻划牡丹、蔓草纹的有三件；刻划涡状波涛纹的有五件。盖却都以逆圆的筒形盖相通。这种款式的梅瓶在日本的经冢和寺院遗址中较多，牡丹、蔓草纹的梅瓶在京都法胜寺遗址（高29.2厘米）和京都太秦井户废寺遗迹（高26.8厘米）、茨城县长冈町前田（高38.5厘米）等地都有出土，涡状波涛梅瓶在爱媛县松山市松前城（高25.6厘米）、广岛县草户千轩町遗迹（高25.5厘米）中均有出土，这些出土器物同遂宁窖藏的器物酷似同类制品[29]。

江西出土的南宋景德镇青白瓷如下：

①1956年，上饶市建炎四年（1130年）纪年墓出土菊花形盒。通高2.3，口径2.4，底径2.4厘米。盒呈十八瓣菊花形，盖微拱，子母口，平底。盒身和盒盖高度大约相等。施青白釉，口沿、盖内、底部露胎。胎细质白，釉色温润，制作精巧。[30]

②1965年，景德镇市郊南宋乾道九年（1173年）纪年墓出土青白瓷缠枝菊纹执壶。通高16.0厘米，口径4.5厘米，底径4.3厘米。喇叭形口，长颈，丰肩，筒形腹向下收，矮圈足。器底无釉。离口沿2厘米处饰三道凹弦纹，弦纹以下的颈部以二朵缠枝菊组成一组纹样，腹部上下各饰三朵缠枝菊，中间以一圈带状凸弦纹相隔，组成三组纹样。构图严谨，形态逼真。图案上的菊花纹微微凸起，富有立体感，是菊花装饰中的佳作。壶肩上塑有扁平曲柄。壶盖呈倒蘑菇状，盖边沿和柄上端各塑有长0.9厘米的圆管状小口，便于系绳护盖。此器制作精细，色泽素雅。[31]

③1972年3月，大桥乡江溪村北侧坡地小型砖室墓葬中出土青白菊瓣纹阑干灯。灯盏呈半圆形，外饰菊花瓣纹，中心置开孔灯芯柱。灯台上半段为圆柱状，下半段系喇叭形高圈足，并饰六组槽条垂带及凸弦纹。压足中腰饰八扇镂空阑干，望柱、阑额、华板、地栿等构件塑造刻划分明。胎骨白，通体施青白色釉，开细冰裂纹，纹饰凹线中的积釉呈湖绿色。圈足内壁素胎，墨书"六位……"楷书字。此灯形制特殊，古朴典雅，颇为少见。高9.2厘米，口径6.6厘米，底径6.0厘米。同出的墓志，为泥板烧制，朱书文字大部分脱落，不能连续阅读，墓主人卜葬年代仅见"绍兴癸□……"字样。绍兴乃宋高宗赵构的第二个年号，该灯应属南宋初年制品。

④1980年春，樟树镇东郊青郭小型砖室墓葬中出土青白芒口兰草杯。此杯烧造颇精，

形制为敞口,深腹微弧,矮圈足。出土时芒口内外沿尚残存腐蚀了的包边白银。胎骨极细腻坚致,薄似卵壳,底部胎坯比腹部稍厚。表里施釉,匀净明亮,呈色白中闪青。器腹剔透,以兰草装饰,刀法洗练,线条流畅。高 5.8 厘米,口径 7.8 厘米,圈足直径 4.5 厘米。同出土的《李氏夫人墓券》系青石镌刻,保存颇好,文句清楚。墓主李氏死于淳熙十六年(1189 年),停棺一年,葬于绍熙元年(1190 年)。绍熙为南宋光宗赵惇的年号。由此看来,此杯应为当年或早几年的产品。

⑤1976 年冬,临江镇花果山一座小型砖室墓葬出土青白海棠花口炉。此炉造型工整,庄重美丽。平面呈海棠花瓣形,侈口,圆折唇,斜直壁,平底。底部置对称的四矮足。胎坯较厚,挂釉匀净平薄,白中泛青,似青非青,似白非白。内壁与底部素胎无釉。高 7.6 厘米,口径 14.3 厘米,底径 10.5 厘米。同出有墓志,据志文载:"葬于开禧元年十月……"开禧,为南宋宁宗赵扩的年号。开禧元年为 1205 年。

⑥1964 年,观上墓葬中出土青白四神生肖瓶两件。形体修长,大洗口,喇叭状长颈,深腹,圈足微外侈,盖为盔帽形,顶立丹鹤,一只昂首展翅欲飞,一只做卧伏平视状。瓶之颈部有弦纹二十八道,堆塑日月、祥云、玄武、朱雀、青龙、白虎。颈腹交界处捏荷叶边一周,承托十二俑。俑环立于颈间下半部,头戴披巾,穿长衣,束带,捧手于胸前。胎质较粗。器表施青白釉,釉不及底。通高 60.4 厘米,口径 8.4 厘米,底径 9.0 厘米,盖径 10.2 厘米。该墓出土的朱书墓志证明,墓主葬于"宝祐丁巳冬十一月",宝祐丁巳系理宗赵昀宝祐五年(1257 年)。故此,这对四神生肖瓶应是宝祐中烧造[32]。

上述青白瓷与景德镇湖田、湘湖等窑所产的青白瓷对照,胎骨、釉色完全相同,应是该地的产品。宋代景德镇产品以青白瓷为主,深受人们的喜爱。看来,这批青白瓷是当时较好的产品。胎骨纯白、细腻、坚致,釉色晶莹如玉,品种创新,工艺技术进步,质量超过了北宋时期的产品。青白菊瓣纹阑干灯造型别致精美;影青芒口兰草杯,质薄光润,施"半刀泥"技法,剔透明亮:均较少见。影青四神生肖瓶是江西地方宋代墓葬中常见的一种殉葬明器,装饰繁缛华丽,釉面肥厚、光亮、洁净。志文的纪年,是明了这些瓷器的具体烧造时间的确切佐证,为研究景德镇当时的制瓷状况提供了重要的实物依据,丰富了我们对南宋瓷器的认识。

由此,我们对南宋景德镇青白瓷的面貌及特征,也可做如下概括:

南宋时期的景德镇青白瓷,经历了南宋早期、南宋中期和南宋晚期三个过程,每个历史阶段都有不同的风貌与特征。南宋早期,具有北宋中、晚期特征,是青白瓷发展的兴盛期,具有典型青白瓷的审美特征;南宋中期,总的来说,青白瓷的制作和生产趋于滑坡,整体质量已不如前,但仍有不少青白瓷有很高的工艺水平和艺术水平。

下层瓷石制胎、支圈覆烧以及包金镶银印花芒口瓷成为南宋青白瓷的主要特征。

南宋后期,景德镇青白瓷的制作和生产,已风光不再。当然,元初又一度兴盛并持续生产,最终形成自己的时代审美特征。

(二)结论

从上面的考察和探讨,我觉得:宋代景德镇青白瓷的发展,可以分为北宋、南宋两个历史时期,经历了北宋初期草创与兴起、北宋中期至南宋初期为发展高峰、南宋中后期演变和趋于衰落这样三个过程。宋代景德镇青白瓷的历史分期,是和历史的分期相一致的,只不过青白瓷经历了自身发展的过程。

北宋青白瓷、南宋青白瓷具有不同的历史风貌和风格特征。

1. 从原料来看,五代至北宋,制胎原料为上层瓷石;南宋制胎原料为下层瓷石。

2. 从装烧工艺来看,五代为支钉叠烧;北宋以匣钵仰烧为主;南宋以覆烧法为主。

3. 从成型工艺来看,五代为手工拉粗坯,辘轳成型;北宋为手工拉坯,旋坯法成型;南宋继承北宋成型法,分工更趋精细、专业。

4. 从装饰手法来看,北宋以刻花、划花装饰为主,印花已出现;南宋印花流行,刻花、划花、印花并存,芒口瓷多镶金包银。

5. 从装饰纹样来看,五代光素无纹;北宋前期多为牡丹、菊花,后期有飞凤、莲荷、水波;南宋早期多是减笔牡丹、莲荷、水波,稍晚则有一束莲与双鱼等,后期出现了人物故事等。

6. 从造型来看,北宋前期与五代相近,碗类由五代唇口和花口大足碗变为鼓腹高足碗,中、晚期多斜壁斗笠碗,胎体洁白细腻,造型俏丽修长;南宋碗盘多芒口,前期器型多为斗笠碗、弧壁浅碗与平底碟,晚期多撇口弧壁碗与平底盘、碟,造型挺拔秀美。

具体来看,北宋时期景德镇继续烧制的青白瓷钵,由唐、五代的敛口变为敞口,器身多折肩。器型由浑圆演变为斜腹壁,造型上有比较显著的变化。青白瓷注子、注碗多仿金银器形制烧制。瓜棱形、花形的器身,细长秀丽的半弧流,配以对称弯曲的把柄。注子多有盖,盖多饰坐狮纽,狮子形象生动,是江西地区北宋青白瓷注子、注碗的特征之一。南宋的注子、执壶的盖纽,由北宋的坐狮纽演变为莲子状、圆柱状盖纽,给人以由繁到简的感觉。北宋执壶(图2-26),注子的流口一般低于或略低于执壶、注子的口。南宋执壶(图2-27)、注子的流口一般略高于执壶、注子的口。北宋的碗(图2-28),一般多为高圈足,斜腹壁,也有矮圈足、斗笠状的。而南宋的碗(图2-29),一般多矮圈足、弧腹壁,足底多无釉。南宋器物纹样,由北宋简单的纹样演变为繁而不乱的多层纹样,如乾道九年的青白瓷缠枝菊花纹执壶就是一例。宋代盛行垫饼匣钵装烧法,故器物底部一般露胎。而北宋早期则保留了五代所盛行的支钉装烧风格。器身素面的青白瓷盒和印花青白瓷盒的盖、底高度相等,这种瓷盒带有明显的宋代特征。

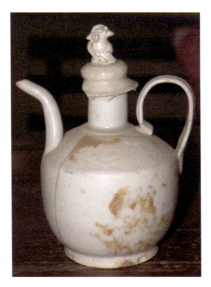

图 2 - 26　北宋执壶

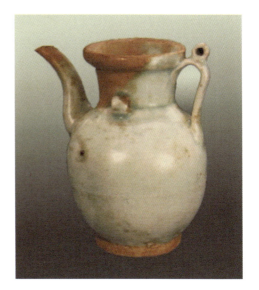

图 2 - 27　南宋执壶

图 2 - 28　北宋高足碗

图 2 - 29　南宋矮足碗

7. 从釉色来看,五代为青釉瓷、白釉瓷,但青中隐白、白中现青;北宋前期发色不正,北宋中、后期釉色温润晶莹,釉质如玉;南宋前期承袭北宋中、后期风采,南宋中、晚期光泽度减弱,透明度已不如前。

8. 从风格来看,五代敦重厚实,北宋光致茂美,南宋沉静素雅。

当然,这种历史分期是根据宋代青白瓷在发展过程中的不同情况和特征而做出的划分。但不管如何划分,宋代景德镇青白瓷是一个整体,有着共同的时代特征和共同的审美风格和魅力。它是宋代整个审美思想、审美观念的折射与反映,是宋代社会历史条件的产物,适应了宋代社会审美和实用的需要,是宋代哲学观念、美学思想和审美情趣的反映。

注释:

[1]景德镇市地方志编纂委员会.景德镇市志[M].北京:中国文史出版社,1991:4 - 5.

[2]周仁,李家治.景德镇历代瓷器胎、釉和烧制工艺的研究[J].硅酸盐,1960(2):49 - 62.

[3]傅振伦.蒋祈《陶记略》译注[J].湖南陶瓷,1979(1):44.

[4]白焜.宋·蒋祈《陶记》校注[J].景德镇陶瓷,1981(4):46.

[5]刘新园.蒋祈《陶记》著作时代考辨:兼论景德镇南宋与元代瓷器工艺、市场及税制等方面的差异[J].景德镇陶瓷,1981(S1):8.

[6]吉木文平.非金属矿物工学[M].张绂庆,译.北京:科学出版社,1962:553.

[7]同[5]9.

[8]刘新园,白焜.高岭土史考:兼论瓷石、高岭与景德镇十至十九世纪的制瓷业[J].中国陶瓷,1982(7):144.

[9]同[8]145.

[10]同[8]149.

[11]同[5]33.

[12]李家治.中国科学技术史:陶瓷卷[M].北京:科学出版社,1998:336.

[13]刘新园.景德镇宋、元芒口瓷器与覆烧工艺初步研究[J].考古,1974(6):24-31.

[14]刘新园,白焜.景德镇湖田窑各期碗类装烧工艺考[J].文物,1982(5):86.

[15]同[14]87.

[16]刘新园.景德镇湖田窑各期典型碗类的造型特征及其成因考[J].文物,1980(11):53.

[17]刘新园,白焜.景德镇湖田窑考察纪要[J].文物,1980(11):40.

[18]黄云鹏.景德镇五代瓷业概况及产品特征[J].景德镇陶瓷,1987(4):9.

[19]彭适凡,唐昌朴.江西发现几座北宋纪年墓[J].文物,1980(5):28.

[20]刘礼纯.江西瑞昌发现两座北宋纪年墓[J].文物,1986(1):70.

[21]同[20]71.

[22]范凤妹,吴志红.江西宋代纪年墓出土的青白瓷器[J].江西历史文物,1983(1):77.

[23]刘丽文.镇江出土宋代青白瓷器[J].南方文物,1995(4):111.

[24]李知宴,童炎.浙江省武义县北宋纪年墓出土陶瓷器[J].文物,1984(8):93.

[25]范凤妹.江西出土的宋代瓷盒[J].文物,1988(3):88-89.

[26]同[22]97-98.

[27]吴志红.新近收集的南丰窑北宋青白瓷[J].南方文物,1989(2):46.

[28]刘新园,白焜.景德镇湖田窑考察纪要[J].文物,1980(11):39-49.

[29]弓场纪知.四川遂宁发现的南宋窖藏陶瓷器及其意义[J].赵川荣,毛求学,译.中华文化论坛,2000(1):128-129.

[30]同[25]90.

[31]同[22]78.

[32]黄颐寿.江西清江出土的南宋青白瓷器[J].考古,1989(7):669-671.

第三章　元代景德镇青白瓷

景德镇青白瓷,兴起于宋代,并在宋代达到高峰,至元代,仍在元代景德镇陶瓷格局中占有一席之地。

但是,宋代景德镇青白瓷,不同于五代景德镇(昌南镇)青瓷、白瓷。它是五代时期景德镇青瓷和白瓷合乎历史逻辑和自身逻辑的发展的结果,至宋代形成特有的风格,至元代,则形成了元代的风格,打上了元代的印记。

关于宋代景德镇青白瓷和五代青瓷、白瓷的关系以及它们的特征与风格,已在前文中做了较为详尽的阐述,在此不再赘述。

下面对宋代景德镇青白瓷在元代的流变情况以及宋、元时期景德镇青白瓷的不同特征,进行较为深入的讨论。

一、元代景德镇青白瓷制胎原料

宋、元景德镇青白瓷制胎原料科技测试结果与分析见表 3 – 1[1]。

表 3 – 1　景德镇白釉瓷胎的化学组成

品种	朝代	氧化物含量(质量%)									
		SiO_2	Al_2O_3	Fe_2O_3	TiO_2	CaO	MgO	K_2O	Na_2O	MnO	P_2O_5
青釉瓷	五代	75.16	16.92	2.19	1.21	0.40	0.64	2.37	0.14	0.05	0.05
白釉瓷	五代	77.48	16.93	0.77	0.00	0.80	0.51	2.63	0.35	0.14	0.00
白釉瓷	五代	76.96	18.04	0.81	0.00	0.57	0.35	2.97	0.25	0.07	0.00
白釉瓷	五代	75.84	18.33	1.00	0.21	0.73	0.76	2.44	0.40	0.00	0.00
白釉瓷	五代宋初	74.58	19.24	1.12	0.33	1.27	0.20	2.35	0.56	0.13	0.00
白釉瓷	宋	76.52	18.80	0.70	0.06	0.35	0.11	2.71	0.29	0.08	0.00
白釉瓷	宋	75.92	18.53	0.71	0.00	0.76	0.30	2.99	0.49	0.05	0.00
白釉瓷	宋	77.39	17.54	0.63	0.00	0.54	0.35	2.85	0.21	0.12	0.00
青白釉瓷	宋	76.90	16.50	0.75	0.08	1.40	0.24	2.96	1.10	0.00	0.00
青白釉瓷	宋	78.90	15.90	0.49	0.08	0.50	0.24	3.02	0.07	0.00	0.00
青白釉瓷	宋	75.14	18.74	0.92	0.00	1.09	0.10	2.84	1.70	0.04	0.00
青白釉瓷	宋	75.48	18.37	0.86	0.10	0.57	0.03	2.63	1.34	0.03	0.02

续表 3－1

品种	朝代	氧化物含量（质量%）									
		SiO_2	Al_2O_3	Fe_2O_3	TiO_2	CaO	MgO	K_2O	Na_2O	MnO	P_2O_5
青白釉瓷	宋	74.71	18.40	0.84	0.08	0.63	0.18	2.92	1.00	0.08	0.03
青白釉瓷	宋	75.91	17.24	0.83	0.08	0.55	0.13	2.47	2.15	0.04	0.03
青白釉瓷	宋	77.32	16.54	0.65	0.06	0.87	0.54	2.87	0.39	0.03	0.04
青白釉瓷	宋	70.90	22.16	0.92	0.07	0.84	0.18	2.50	1.72	0.06	0.01
青白釉瓷	宋	74.86	18.14	0.93	0.10	0.62	0.62	2.37	1.83	0.05	0.03
青白釉瓷	宋	75.60	16.31	1.12	0.14	0.59	0.43	2.62	2.68	0.03	0.02
青白釉瓷	宋	75.41	18.15	0.81	0.35	0.96	0.63	2.95	0.46	0.09	0.00
青白釉瓷	宋	76.24	17.56	0.58	0.06	1.36	0.10	2.76	1.02	0.03	0.00
青白釉瓷	宋	74.70	18.65	0.96	0.03	1.01	0.50	2.79	1.49	0.08	0.00
青白釉瓷	宋	77.79	16.16	0.59	0.06	0.40	0.16	3.25	1.14	0.00	0.00
青白釉瓷	宋	76.44	16.97	0.81	0.00	0.70	0.33	2.99	1.05	0.13	0.00
青白釉瓷	宋	77.77	16.41	0.89	0.00	0.66	0.63	2.71	1.00	0.00	0.00
青白釉瓷	宋	77.64	16.93	0.73	0.00	1.07	0.62	2.64	0.47	0.00	0.00
青白釉瓷	元	74.02	19.34	1.17	0.06	0.12	0.12	2.84	2.69	0.06	0.04
青白釉瓷	元	72.08	21.01	0.84	0.09	0.40	0.23	2.50	2.56	0.05	0.04
青白釉瓷	元初	72.94	19.86	0.88	0.00	0.56	0.30	2.11	2.78	0.00	0.00
枢府白釉瓷	元	72.14	20.50	1.72	0.00	0.54	0.16	2.44	2.28	0.00	0.00
枢府白釉瓷	元	73.75	19.52	1.40	0.23	0.18	0.21	3.18	2.03	0.08	0.00
枢府白釉瓷	元	72.73	20.70	1.16	0.21	0.14	0.17	2.74	2.39	0.07	0.00
枢府白釉瓷	元	72.15	21.59	1.19	0.20	0.06	0.18	2.81	2.12	0.07	0.00
枢府白釉瓷	元	73.06	20.89	1.17	0.20	0.10	0.25	2.84	1.96	0.07	0.00
枢府白釉瓷	元	72.71	21.43	1.25	0.09	0.18	0.20	3.07	1.57	0.08	0.00
枢府白釉瓷	元	74.29	20.66	0.69	0.00	0.31	0.19	2.40	1.63	0.00	0.00
枢府白釉瓷	元	72.04	20.45	0.98	0.00	0.16	0.11	3.16	3.43	0.00	0.04
枢府白釉瓷	元	72.00	21.28	1.27	0.16	0.20	0.16	2.87	1.76	0.07	0.05

（注：此表未注明品种的"出处"和"总量"。）

从宋代青白釉瓷、元代青白釉瓷以及枢府白釉瓷的化学组成来看，它们的 Al_2O_3 含量一般在 16% 和 18% 之间波动，只有个别的小于 16% 和大于 19%。特别值得一提的是，在湖田窑宋代地层中发现的刻有"进坑"字样的一个青白釉瓷碗残片以及在湖田窑址地面采集到的刻有"白檀泥"字样的青白釉瓷碗残片。"进坑"就是蒋祈在《陶记》中说的"进坑石泥，制之精巧"，"白檀泥"的化学组成和景德镇南港瓷石相近。它们既是瓷胎的化学组成，又是瓷石原料的化学组成。这说明五代白釉瓷和宋代青白釉瓷的化学组成相近,进一步佐证了五代及宋代景德镇瓷胎是以瓷石作为原料制成的。

从宋代青白釉瓷、元代青白釉瓷和枢府白釉瓷的化学组成来看,瓷胎中的 Al_2O_3 含量一般在 20% 左右,个别高达 22.16%。前文所阐述的风化程度较浅的上层瓷石的 Al_2O_3 含量也只有 18%—19%,经过精洗的祁门瓷石的 Al_2O_3 含量只有 18.30%。"可见 Al_2O_3 含量大于 20% 的瓷胎单用瓷石作原料是无法达到的。"瓷胎中的 Al_2O_3 含量要达到 20% 以上,就"必须在瓷胎中加入高岭土"[2]。

这说明,元代青白瓷和元代枢府白釉瓷的制胎原料是一致的,即瓷石加高岭土的二元配方。

瓷石和高岭土在工艺性质上是不同的。它们的不同,可以从以下四个方面加以区分,见表 3-2。

表 3-2 瓷石和高岭土的工艺性质[3]

	祁门瓷石	明砂高岭
物理状态 可塑性 干燥收缩 加热性质	石质差(因含石英多) 7% 1050 ℃时开始收缩 1200 ℃—1250 ℃时烧结成瓷胎 大于1250 ℃时过烧膨胀 1350 ℃时开始软化	土质差(因是原生高岭) 11% 950 ℃时开始收缩 1500 ℃时停止收缩 如不配入瓷石或长石,即使烧到1500 ℃,也不能烧结成瓷胎

一般而言,元代景德镇青白瓷胎骨厚重,透光度稍低;宋代景德镇青白瓷洁白细腻,透光度较高。元代景德镇青白瓷釉料配方有所变化,其中铁含量由宋代的 0.99% 增加至 2.33%,因而釉色略呈青色。元代早期青白瓷有宋代光致茂美的风姿,至元代中、后期,釉层稍微变厚,釉色逐渐变得乳浊。

由于高岭土(图 3-1)的加入,元代青白瓷成品率得以提高,变形率降低,物理性能提高,热稳定性也随之提高,瓷质也从软质瓷发展至硬质瓷阶段。

图 3-1 高岭土

二、元代景德镇青白瓷装烧方法

(一)元代景德镇青白瓷装烧方法概述

元代景德镇青白瓷装烧方法，离不开当时的烧成工艺和技术，并形成了不同于宋代的时代特征。这种元代独有的装烧方法，影响了元代青白瓷的造型和装饰。这是元代景德镇青白瓷有自己的时代风格的原因。

元代瓷器装烧方法有仰烧法、叠烧法和覆烧法三种，以前两者为主。覆烧法在元代早期还在使用。在南宋流行一时的支圈覆烧法及窑具，至元代后期已不再使用。

(二)元代景德镇青白瓷仰烧装烧法

元代的仰烧法不同于宋代的。宋代的仰烧法是用小于圈足的垫饼顶住器物底部，再将器物装匣，悬空的足壁在高温下不负荷圈足的重量，故足壁可以做得薄一些。这是宋代瓷器底足比元代瓷器底足薄的工艺原因。而元代的仰烧法是先把一个用含铁量较高的黏土加粗料制成的泥饼放入匣钵，然后在垫饼上撒一层高岭土与谷壳灰的粉末，再把碗盘坯件的圈足直接放在粉末上。

这显然和宋代的仰烧法不同。在元代，器物的圈足直接放在有沙渣的垫饼上，器物足壁需要直接承受器物的重量，因此必须把器足做得厚一些；否则，圈足将承受较大的压力，在焙烧时陷于泥渣之中，致使足外壁的釉层粘上沙粒，影响器物的美观。

另外，在元代，垫饼上会撒上粉末，而不把器物直接放在垫饼上，这与元代青白瓷胎的配方发生变化有关。如前所述，宋代使用单一瓷石配方制胎，瓷胎原料耐火度不高，但元代青白瓷使用瓷石加高岭土的二元配方。高岭土的加入，使瓷器的烧成温度相应提高。随着瓷器烧成温度的提高，如不在垫饼上撒一层耐高温的粉末，器物圈足就可能与垫饼粘连。

因此，元代景德镇青白瓷圈足较宋代厚，与瓷胎配方的变化和装烧工艺的变化有关。

正因为这个原因，元代景德镇青白瓷的圈足往往粘有沙渣。这不同于采用宋代仰烧法烧成的瓷器，其未上釉的底足呈褐色或米黄色（锅巴色），即俗称的糊米底，形成元代青白瓷的底足特征。也正是因为采用这种仰烧法，器物底足不需要直接安装垫饼，而是直接放在沙垫上焙烧，器物底足圆心不用修平。这样，元代青白瓷仰烧碗类制品内底心就留有突起的乳丁（图3-2），而不是像宋代那样把底足修平。这也是元代青白瓷断代的依据之一。

图3-2 乳丁

(三)元代景德镇青白瓷涩圈叠烧法

元代的叠烧法(图3-3)是元代装烧工艺继承五代支钉叠烧法和扬弃宋代覆烧法的基础上创造的一种装烧形式。使用叠烧法烧制器物时,已不用支钉来隔开器物,而是在制品底心的釉面上旋出一个露胎的涩圈(图3-4),再把上一个碗盘的未挂釉底足放在下一个碗盘的涩圈上,依次重叠,待叠放的碗盘达十个左右,再将碗盘装入桶式匣钵叠压装烧,这种装烧法叫涩圈叠烧法。

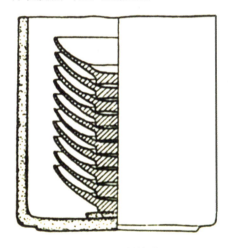

图3-3 叠烧法

图3-4 底心留下的涩圈

这种涩圈叠烧法,比五代的支钉叠烧法更简便,而且产量更大,又克服了覆烧器物有芒口的缺陷,经济实用,故十分流行。其露胎处不在口沿,而在底心,已不在人们审美视觉的中心。从这个角度可以看出,装烧方法的不同,使器物的审美视觉也随之发生变化。

三、元代景德镇青白瓷的器物形制

在器物形制方面,宋代景德镇青白瓷和元代景德镇青白瓷有各自的时代特征。元代青白瓷和其他品种一样,以厚胎为时代特征。

元代青白瓷瓶、罐等器物的瓷胎,采用先分段制成,再黏合成型的成型法。因此,器物内外多有明显的接痕,有的器物还有明显的突棱做纹饰的分隔线。盖罐多为荷叶形盖,子口。瓶子多为盘口,直颈,隆腹,有喇叭形的高圈足,器胸满饰刻划花,器腹多以重瓣莲纹为饰,显得粗犷雄健,与宋代青白瓷瓶不同。宋代青白瓷瓶,或素面无纹,或周身刻划花纹,显得端庄妩媚。其中,宋代和元代的梅瓶、玉壶春瓶、堆塑盖瓶等更是具有明显的时代差别(图3-5)。

宋代的梅瓶,小口,短颈,体型修长,轮廓线过渡柔和,秀雅恬静;元代梅瓶,平口,颈比宋代的略高,丰肩,胫部急收,显得浑厚端庄(图3-6)。

图3-5　宋代梅瓶　　　　　图3-6　元代梅瓶

有两种瓶颇具元代瓶的时代特征:一是敞口,颈部塑有两个对称的"S"形纽,这是元代瓶的特殊附饰;还有一种带座或连座瓶,这是元代流行的器物。

宋、元青白瓷执壶也有显著的差别:

宋代执壶的流与柄的下端多设在壶的肩部,元代执壶的流与柄的下端多安在壶的腹部;

宋代执壶(图3-7)多在颈肩处安设双系,这在元代执壶中少见;

元代执壶的壶流往往呈"S"形、如意形,或做成花形纽,与壶体相连,这在宋代执壶中少见;

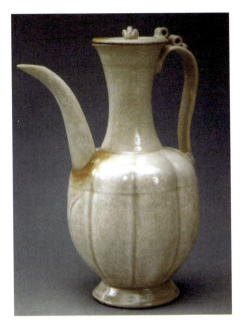

图 3 - 7　宋代执壶

图 3 - 8　元代执壶

元代执壶(图 3 - 8)多以玉壶春瓶做壶身,这在宋代执壶中少见。

宋、元青白瓷炉的形制和釉色也有很大的区别:

宋青白双耳三足炉的器耳,一般为长方形或圆形,炉足较短;元青白双耳三足炉,多为冲耳,炉足变高,并多以兽纹装饰炉耳与炉足;

宋青白炉一般以釉色、形制取胜,雕饰不多;元青白炉器腹多有装饰,或刻一朵云纹,或堆贴一束花环。

四、元代景德镇青白瓷装饰技法

宋代青白瓷装饰技法,以刻、划、印、捏等技法为主,且不同的历史时期各有侧重。在宋代,刻划花多以"半刀泥"技法为主,并形成宋代景德镇青白瓷独有的风格。

元代青白瓷刻划花比宋代的深且不精致;宋代青白瓷印花装饰题材丰富,纹样精细,印痕较浅淡;而元代青白瓷印花装饰题材以缠枝菊为主,纹样比宋代的深。

在器物上堆贴梅花(图 3 - 9),堆雕云肩纹、宽头莲瓣纹,以及用成串缀珠纹组成图案的轮廓线,是元代独创的装饰技法,也是元代瓷器断代的标志之一。

图 3 - 9　堆贴梅花

五、元代景德镇青白瓷的风格

元代青白瓷本身经历了不同的发展过程。元早期还保留着宋代"光致茂美"的特点，中、后期明显不同于早期：胎厚质粗，器型多下腹大，矮圈足外撇，端庄厚重；装饰风格在继承和保留宋代风格的基础上，独创堆贴梅花、用成串缀珠纹组成图案的轮廓线等形式；釉色多显乳浊，光泽度和玻璃质感不如宋代。

元代青白瓷仰烧折腰碗(图3-10)的造型特征：折腰，足身外撇，足内底有一突起的乳钉。"折腰"这一名称最早见于明朝曹昭的《格古要论》"古饶器"条："御上窑者，体薄而润，最好。有素折腰样，毛口者，体虽厚，色白且润，尤佳。"(图3-11)显然，曹昭是根据这种碗的造型特征来命名此碗的。这种折腰碗，采用元代的仰烧法烧成，形成自身的特征，且风行一时。"枢府"器亦有如此式样。

图3-10　元代青白瓷仰烧折腰碗　　　　图3-11　《格古要论》"古饶器"条

元代景德镇青白瓷的特征与风格，可以在元代纪年墓出土实物中得到印证：

元代青白瓷堆塑瓶，高24.1厘米，口径7厘米，底径9.8厘米。直口，短颈，溜肩，长鼓腹向下收，圈足外撇。颈至肩部堆塑"四灵"，肩部刻有一道凹弦纹。腹上部贴九个人身鸟头俑，腹下部刻有仰莲八瓣，腹中部以堆塑绳纹相隔。整器内外施釉，口边和圈足内露胎。器内荡釉不匀，还有旋削弦纹。该器是1975年鄱阳县磨刀石公社元大德三年(1299年)墓出土的。

元代青白瓷莲瓣实足碗，高5.1厘米，口径6.5厘米，底径5.4厘米。敛口，折沿，弧腹壁,实足。腹外壁印有两层仰莲纹,上层为十七瓣,下层为九瓣,碗内刻有一道凹弦纹。整器满釉,足底露胎。该器为1981年南昌县圹南公社元大德十一年(1307年)墓出土。伴出有包××地券,券文朱书出土时已模糊不清。同时出土的另一件青白瓷莲瓣碗,其造型、纹饰与此器相同,大小稍异。

元代青白瓷荷叶小盖罐(图3-12),通高4.3厘米,口径3.5厘米,底径2.8厘米。敞口,短颈,溜肩,圆鼓腹,平底。整器素面无纹。盖呈荷叶状,子口。此器内外施釉,器内荡釉不匀,有露胎现象,盖内、罐口、底足露胎。

元代青白瓷筒形炉,高10.6厘米,口径10.8厘米,底径9.5厘米。敞口,平肩,筒形腹,矮圈足。腹下部有一圈凹弦纹。器外施釉不及底,器内、圈足露胎。

以上两器皆为1971年永丰县佐龙公社延祐六年(1319年)墓出土,伴出有地券,墓主为陈氏。

图3-12　元代青白瓷荷叶小盖罐　　　图3-13　元代青白瓷龙纹盖瓶

元代青白瓷龙纹盖瓶(图3-13),通高32.8厘米,口径5.8厘米,底径11.1厘米。敞口,卷唇,短颈,圆肩,腹上鼓下收,矮圈足稍外撇。整器分三组纹饰,每组纹饰各以粗细两道凹弦纹相隔。肩部刻有三朵折枝牡丹。腹上部刻单龙戏水纹,用笔简练,形象生动。腹下部刻双钩仰莲六瓣,莲瓣内刻有变形垂云。器外全施釉,唯圈足边无釉,器内底荡釉。腹部上下有两道明显的接痕。器盖内有双沿,盖面塑有坐狮纽,纽座为一朵覆莲。该器于1972年万年县石镇街化肥厂元泰定元年(1324年)墓出土。墓主为汤顺甫。伴出有墓志铭。同时出土的另一件青白瓷龙纹盖瓶,其形制、大小与此件完全相同。

元代青白瓷印花芒口碗(图3-14),高5.2厘米,口径16.3厘米,底径5.0厘米。敞口,弧腹壁,矮圈足。足内有"鸡心"突起。器外壁素面无纹,器内离口沿1.9厘米处印有一圈回纹,碗心直径5.5厘米外至回纹之间印有两朵折枝牡丹。碗心下陷。整器内外满釉,口边露胎,此为覆烧所致。该器为 1963 年抚州市桥东元至正八年(1348 年)墓出土,伴出有墓志。同时出土的还有一件青白瓷印花芒口瓶,形制与此件基本一致[4]。

图 3-14　元代青白瓷印花芒口碗

总之,宋、元时期的景德镇青白瓷在材质、装烧方法、器物形制与装饰技法及风格等方面,都存在明显的差别,各有不同的风格特征。

因此,从这个角度来看,宋代景德镇青白瓷具有独特的研究价值。宋代景德镇青白瓷所形成的各种特征及其所体现的美学思想和审美情趣,明显不同于元代景德镇青白瓷。因此,我们可以将宋代景德镇青白瓷作为一个独立的审美研究对象,进行深入的审美研究。

宋代景德镇青白瓷(图 3-15),不仅在元代景德镇继续烧造,而且在材质、装饰、烧造工艺以及制品风格等方面,都形成了自己的时代特征,是宋代景德镇青白瓷在历史长河中的流变。不仅如此,宋代还在全国以南方为主的地区多处烧造,形成既有共同的时代特征,又有各自地域风貌的青白瓷系。

图 3-15　宋代青白瓷盒

宋时,江西境内烧造青白瓷的著名窑场,除景德镇窑外,还有南丰、吉安、赣州等的窑场;此外,南北各地(以南方为主)如安徽、湖北、浙江、福建、广东、广西、湖南、河南等,都有烧造青白瓷的著名窑场;形成了以江西景德镇窑为代表的宋代青白瓷系。

宋代青白瓷系窑,表现出这样几个特征:

第一,这些窑口都烧造和宋代景德镇青白瓷类似的青白瓷。不同的窑口,烧瓷起始时间略有不同。

第二,这些窑口所产青白瓷的胎、釉、成型工艺、器物形制、装饰技法、烧造技术等方面,总体上都有和宋代景德镇青白瓷相同的时代风格特征。各窑口相互学习、相互影响,仿制中有创新,有的还具有鲜明的地方特征,如广东潮州窑、广州西村窑、广西藤县窑等。

第三,宋代青白瓷窑口,情况各不相同,水平和质量参差不齐;同一个窑口在不同的历史时期的发展水平和质量及风格也不尽相同。这是符合事物发展规律的。

第四,有的宋代青白瓷系窑也有很高的水平。但从总体上说,宋代青白瓷中,还是景德镇的更典型、纯正、丰富、精美。

因此,选取宋代景德镇青白瓷作为审美研究对象,具有典型意义和价值。

注释:

[1]李家治.中国科学技术史·陶瓷卷[M].北京:科学出版社,1998:327 – 328.

[2]同[1]332.

[3]张福康.中国古陶瓷的科学[M].上海:上海人民美术出版社,2000:15.

[4]吴志红,范凤妹.介绍一批江西出土的宋元青白瓷[J].中国陶瓷·古陶瓷研究专辑,1982(7):97 – 102.

第四章 关于景德镇陶瓷史上几个问题的探讨

一、"新平治陶,始于汉世"刍议[1]

"新平治陶,始于汉世",其义浅白,即是说"景德镇烧造陶瓷是从汉代开始的"。这一说法已普遍被陶瓷界接受。因此,在考察古今陶瓷文献的过程中就会发现,"新平治陶,始于汉世"经常出现在景德镇陶瓷和陶瓷业史的论文和著作中。在古代文献中,它被引用于景德镇地方志和景德镇陶瓷专业文献,如清代道光十二年版《浮梁县志》中就有"新平治陶,始于汉世,大抵坚重朴茂,范土合埴,有古先遗制"之记载,道光版《浮梁县志》承袭了乾隆版《浮梁县志》的说法。在古陶瓷专业文献中,清《南窑笔记》中的"新平之景德镇,在昌江之南,其治陶始于季汉"之说就是一例。

民国时期,在说明景德镇的陶瓷史时,"新平治陶,始于汉世"也往往被沿用。

"据《浮梁县志》所载:新平之瓷场(新平,浮梁旧名),创于汉代,其工作至今,从未间断,夫新平瓷场,既系创于汉代,则瓷之始于汉代,亦实属明矣。"[2]

"根据记载和传说,景德镇的陶业是从两汉开始的。《浮梁县志》称:'新平治陶,始于汉世。'"[3]

"景德镇制瓷历史悠久,志书载'新平治陶,始于汉世',可知早在汉代即已烧造陶瓷。"[4]

"据乾隆四十八年《浮梁县志》载:'新平治陶,始于汉世。'这说明早在公元6世纪80年代,景德镇城内已烧造陶瓷。"[5]"景德镇境内烧造瓷器的最早文字记载见于《浮梁县志》:'新平治陶,始于汉世。'但不见详细的窑场记载。"[6]

"浮梁县陶瓷烧造源远流长,旧志载:'新平治陶,始于汉世。'"[7]

…………

从上面的引用和评述情况来看,众多的陶瓷著述,无论是景德镇陶瓷史著述,还是各类地方志,都肯定了清代乾隆四十八年版《浮梁县志》中所称的"新平治陶,始于汉世"的说法。有的甚至还具体说明了此话中的"汉世"所指为东汉,"治陶"之"陶"为陶器。但是,这与20世纪80年代以来的出土情况不符。

据考古发掘实物,景德镇是一个有悠久文明历史的地区。从考古发掘资料来看,景德镇的制陶史远远早于汉世,其文明史甚至可以追溯到新石器时代。"早在新石器时代,境内已有人类活动。20世纪80年代在浮梁江村乡沽演村和王港乡水家车村发现有古石器时代遗物。"

浮梁县地方志编纂委员会编纂的《浮梁县志》称："沽演文化遗址,位于今江村乡沽演村,1985 年发现。出土石器共计 9 件。其中石锛 4 件,均为单面刃口;石镞 2 件,石凿、磨棒、锥各 1 件。均为青石质,通体磨光,制作精细。根据景德镇市文物鉴定小组鉴定,为新石器时代晚期的遗物。"

"水家车文化遗址,位于今王港乡水家村。该遗址发现的遗物有磨制石锛、陶器、残片、体网纹、绳纹、圈点纹,还发现瓮罐葬及骸骨,根据景德镇市文物鉴定小组考察分析,为新石器时代遗址。"

该地区的人类造物活动同生存、生产有关,其石质器皿和陶瓷器皿的成就,说明了该地区先人的智慧和文明程度。它们既是该地区先人的生活、生存器具,更是该地区文明的见证。

该地区先人的制瓷活动也很早。根据考古发现,远在商周时期,在今天的浮梁县和景德镇下辖的乐平市,便有商、周时期的原始青瓷器遗物。

此地出土、发掘的新石器时代陶器和商周时期的原始青瓷遗物,不仅说明了该地区的制陶和制瓷成就,更证明了其陶瓷史远远早于《浮梁县志》和《南窑笔记》中"新平治陶,始于汉世"的记载。据《浮梁县志》记载,"新石器时代,境内已有人类活动"。这样的记载,与考古发掘实物相印证。江西省文物考古研究所 2000 年 12 月对浮梁县境内的古文化遗址发掘核定书称:

"根据江西省文物考古研究所与贵办公室签订的古文化遗址发掘协议,我所于 2000 年 11 月派出专业队伍进驻现场,进行古文化遗址抢救性发掘工作,发掘工作至 12 月中旬圆满完成。

"发掘地点共布方 26 个,面积共计 886 平方米。遗存有陶器、石器、玉器及各种生活遗迹。陶器主要有瓮、尊、折肩罐、杯、圈足器等几类;纹饰主要有素面、方格纹、菱形纹、网纹、编织纹、叶脉纹、曲折纹、云雷纹等;纹样以拍印为主,少量刻划;石器主要有穿孔石刀、无孔石刀、镞、锛、斧、祖、纺、砺石、砍砸器、刮削器等;玉器有玉环等。该遗址遗存十分丰富,在浮梁县境内的商周遗址也仅发现这一处。它不仅把蛟潭古人类活动的历史上溯到了三千年前,也为我们研究赣东北的先秦历史文化面貌提供了极具价值的实物资料,意义重大。"

但新石器时期与商周时期的陶瓷在该地区制造的事实,史籍中没有任何记载。要说有记载,便是《浮梁县志》和《南窑笔记》中的"新平治陶,始于汉世",而这与考古发掘遗物是相矛盾的。有实物佐证,人们便不能说"新平治陶,始于汉世"。

怎么会这样呢?依笔者看,如果将"新平治陶"的"陶"字理解成"瓷"字,或至少是"原始瓷",这样便顺理成章了。理由有二:

其一,考察有关景德镇陶瓷史籍,几乎没有称"瓷"的,而只有称"陶"的,无论是专史,还是通志,抑或散见于其他史籍的记载,莫不如此:南宋蒋祈撰《陶记》而不言《瓷记》;明代宋应星《天工开物·陶埏》而不言"瓷埏";"督陶官"不称"督瓷官",清代督陶官唐英所著著作以"陶"命名,如《陶冶图说》《陶人心语》;另外还有朱琰的《陶说》、龚鉽的《景德镇陶歌》;等等。实际上,以上史籍都是论述景德镇瓷器的。

其二,周銮书先生在其所著《景德镇史话》中评"新平治陶,始于汉世"时便指出,"它从汉代开始制造陶器,至今已有两千多年的历史。汉代制造的陶器,大抵属于原始瓷器或早期瓷器。烧制出来的器物,粗糙厚实,瓷质不纯。清代乾隆年间,《景德镇陶录》的作者蓝浦指出:'楚之长沙属有醴陵,土碗器质甚粗,体甚厚,釉色淡黄而糙,或微黑,碗中心及底足皆无釉,盖其入窑时,必数碗叠装一匣烧故也。此乃乡土窑所在多有,正如吾昌南在汉时只供迩俗粗用也。'汉代景德镇的瓷器,就相当于这样的水平"。这种说法,与中国瓷器发明于汉代时的浙江之史实相符。詹珊记载:"师主者,姓赵名慨,字叔鹏,尝任晋朝,道通仙秘,法济生灵,故秩封万石,爵视侯王,以其神异,足以显赫今古也。"

所以,"新平治陶,始于汉世"中的"陶"字,应当作"瓷"字解,或者将"新平治陶"中字面意义上的"陶"理解成周銮书先生在《景德镇史话》中所称的"汉代制造的陶器,大抵属于原始瓷器或者早期瓷器"。这样,既与出土文物不矛盾,又与史籍的记载相吻合。也就是说,同样是陶器,景德镇新石器时代的陶器与汉代的陶器不同,汉代的陶器已具有瓷质了,或者说是早期瓷器,而新石器时代的陶器是纯陶器。这一点,也为专家所认可。江西省博物馆馆长彭适凡先生认为,"景德镇烧瓷历史悠久。它原名新平,过去有所谓'新平治陶,始于汉世'之说,但从近几年来景德镇市所属的浮梁、乐平等县市考古调查发现……商代就已开始烧造原始青瓷器,所以我们认为:'新平治陶,始于商代。'"。

通过史籍,尤其是考古发掘实物的论述,可以确认,"新平治陶,始于汉世"应理解为"新平治瓷,始于汉世"。而且,这种瓷器承袭商代原始瓷而来。

二、唐代景德镇制瓷业的考察与探讨

关于唐代景德镇(唐称昌南镇)制瓷业及其成就,目前,学术界有不同的说法。大致可以归纳为三种:肯定说、否定说、存疑说。

(一)肯定说

景德镇本土学者经考证得出结论:"白虎湾窑址及附近采集的青瓷碾、碗、罐标本,其形制与唐代南方青瓷窑址(包括景德镇落马桥)出土标本相同或相近,而有别于五代景德镇青瓷和白瓷;其瓷质及釉色,远逊于唐五代南方名窑青瓷,也逊于五代景德镇青瓷,带有瓷业雏形的产品特征,具有景德镇五代以前处于草创阶段的工艺迹象。青瓷碾与采集的碗、罐胎釉特征完全一致,应属于同一时代、同一窑口生产的产品,上刻'大和五年'铭文定于唐文宗'大和五年'符合历史逻辑。又因上述标本采集于窑址或窑址附近;无疑属于当地窑工所造。"

还有人认为,"景德镇的瓷业,在唐代是有惊人的发展的……就出土物看,它实具有越青邢白之长;它的生产量很大,不仅供给一般人日常之所需,而且还要制器进御,造献祭器"[8]。

这个说法是依据考古发掘实物和古窑址考察结果得出的。将采集的标本,进行纵横对比,这些标本与本地区的五代器物比,显然有差别;与同期南方名窑相比,其瓷质与釉色不同。专家们经过比对、观察和测试,推断出唐代景德镇生产瓷器,且其制品有"越青邢白"之长。

(二)否定说

"《景德镇陶录》是研究景德镇陶瓷史的重要参考书,历来为研究我国陶瓷史的学者所引用。但此书称述的陶窑与霍窑,目前还查无实据。……胜梅亭、石虎湾两窑在窑址范围内,未见典型的唐代器物,显然创烧于五代。两窑烧青瓷和白瓷,亦未见青白瓷。两窑都采用叠烧方法。叠烧法在大多数瓷窑,都带有建窑初期草创简陋的特征。由于还没有掌握制瓷原料的特性和烧成工艺的规律,瓷器的变形比较普遍,废品率比较大,五代时如此,如果再上溯到三百年前的唐武德时期,可以推想,其时瓷器质量比胜梅亭、石虎湾两窑的瓷器会更粗糙。然而《景德镇陶录》也不是无根之谈,唐·柳宗元有《代人进瓷器状》。《柳河东集》的编注者,以柳宗元有《答元饶州书》,以为所进瓷器即是饶州瓷器。但即便如此,时间也不属初唐。

"由此看来,景德镇初唐时期的陶窑和霍窑是否果有其人其事,目前还只能存疑。

"但是如果把'假玉器'和'佳者莹缜如玉'的评语,用于宋代景德镇的青白瓷倒是比较恰当和符合实际。"[9]

该说主要是依据刊行于清代嘉庆二十年(1815年)的景德镇当地学者蓝浦所撰的《景德镇陶录》所载的"陶窑"和"霍窑",并将其与出土的五代景德镇实物进行比照、分析后得出的。

(三)存疑说

"至此,通过对史料的考证和实物的研究,景德镇在唐代是否已烧制青釉瓷和白釉瓷尚无足够可信的资料和实物加以确认,但从五代和宋代景德镇制瓷工艺已达到的水平,认为在唐代即已开始烧制瓷器也不是绝对不可能。不过考虑到五代时期我国南北方制瓷工艺的成就,特别是与景德镇相距较近的越窑制瓷工艺对它的影响,使它在水土宜陶、得天独厚的基础上,在五代开始烧制瓷器,并迅速赶上和超过越窑的制品,似乎亦不是绝对不可能的事。也就是说景德镇瓷业的初创并不是经过漫长的岁月,逐步发展起来,而是经过吸收外来制瓷工艺,很快兴起、发展而成为一个历久不衰的窑场。这种发展模式在我国陶瓷史上也不乏先例。如北方定窑的兴起,由于受到邢窑成熟制瓷工艺的影响,它在早期制瓷工艺的发展上就比邢窑快得多。当然,这一观点是否成立,尚须作大量的研究工作。目前也只能是略备一说而已。至于在景德镇是否在唐代即已开始烧制瓷器,则有待窑址的发现和更多遗存实物的支持。"[10]

本说的基础是"史料的考证和实物的研究"。但实际上,本说所依据的实物没有考虑到近期尤其是 20 世纪 90 年代以后出土的器物,因此得出了这个存疑的结论。

如果我们对以下这些文献记载和出土实物认真做一番考察,对研究唐代景德镇制瓷业将大有裨益。

1. 唐代景德镇制瓷及其成就是历史真实

(1)文献记载

①蓝浦的《景德镇陶录》卷八《陶说杂编上》载:"颜鲁公建中时守郡,行部新平。陆士修与公友善,来游新平,同止云门教院数日。《中宵茗饮联咏》有'素瓷传静夜,芳气满闲轩'之句,载云门断碑。"《中宵茗饮联咏》载于清朝学者彭定求、杨中讷编,成书于康熙四十五年(1706 年)的《全唐书》。清同治版《饶州府志》载,颜鲁公"为御史唐某诬劾,贬饶州刺史"。"素瓷传静夜,芳香满闲轩"中的"素瓷",即唐代景德镇所产白瓷。

②另一则是关于唐宋八大家之一的柳宗元的。唐元和八年(813 年)柳宗元被贬为永州司马时,曾作《代人进瓷器状》,文中有"禀至德之陶蒸,自无苦窳;合太和以融结,克保坚贞。且无瓦釜之鸣,是称土铏之德"之句。柳宗元对所进瓷器"无苦窳"(即无生烧)和"保坚贞"(胎体结实)给予了高度评价。该文收入唐刘禹锡编纂的《河东先生集》。

③瓷器以窑作专称始于唐,并成为通例,如越窑、邢窑。《景德镇陶录》卷五记载了景德镇瓷器以窑作专称的两座名窑,即"陶窑"和"霍窑"。

④关于"陶窑"和"霍窑"的文献记载。乾隆四十八年版《浮梁县志》载,"新平霍仲初,制瓷日精巧,唐兴素瓷在天下,仲初有名","武德四年,有民陶玉者,载瓷入关中,称为假玉器,献于朝廷,于是仲初等暨玉制器进御"。清嘉庆二十年(1815 年)出版的《景德镇陶录》卷五《景德镇历代窑考》"唐朝"条中正式称"陶窑"和"霍窑"。"陶窑"条称:"陶窑,唐初器也,土惟白壤,体稍薄,色素润,镇钟秀里人陶氏所烧造,《邑志》云,唐武德中,镇民陶玉者,载瓷入关中,称为假玉器,且贡于朝,于是昌南镇瓷名天下。""霍窑"条称:"霍窑,窑瓷色亦素,土墡腻质薄,佳者莹缜如玉,为东山里人霍仲初所作,当时呼为'霍器'。《邑志》载,唐武德四年,诏新平民霍仲初等制器进御。"

⑤蓝浦的《景德镇陶录》卷八《陶说杂编上》记载,唐代(昌南镇)设有专门管理窑务的机构"监务厅",并载:"唐褚绥字玉衡,晋州人,景隆初为新平司务。会洪州督府奉诏需献陵祭器甚迫,绥驰戟门,力陈岁歉,户力凋残,竟获止。"只有有了瓷器的生产,才会有管理瓷器生产的机构,才会有"献陵祭器"之说。

⑥清同治版《饶州府志》亦载:"唐武德二年,里人陶玉献假玉器,由是置务设镇,历代

相因。"

⑦明崇祯十年碑记载:"唐武德二年建有陶厂……"原碑在景德镇御窑厂旧址,今景德镇市政府所在地。碑高 237.5 厘米、宽 110 厘米。碑原名为"关中王老公祖鼎建赊休堂记"。

⑧景德镇制瓷业经验靠师徒相传,并且在招徒课徒方面立规建制并相沿成习。立于清同治年间的"奉宪永禁碑"对此规矩有约定。碑曰:"古来旧章……佣工三年圆满,造台封禁。今遵唐宋以来古例,切不可扰乱章程。"文中有"唐宋以来古例"字样。从该文献来看,唐时景德镇(昌南镇)瓷业即采用延续至清末的课徒招徒制。

以上文献包括府志、专业文献、碑文等,对于唐代景德镇(昌南镇)制瓷有详细的记载。

而且我们也可以从本土史料对唐以前景德镇(新平镇)制瓷情况的记载中得出一些结论:

清佚名《南窑笔记》载:"新平之景德镇,在昌江之南,其治陶始于季汉。埏埴朴素,即古之土脱碗也。陈至德元年,相传有贡陶础者,不堪用。而至隋大业中,始作狮、象大兽二座,奉于显仁宫。令太原陶工制造,入火而裂。迨李唐继起,陶日以工,始有素瓷上釉之法。"

道光十二年版《浮梁县志》记载:"陈至德元年,大建宫殿于建康,诏新平以陶础贡,雕镂巧而弗坚,再制不堪用,乃止。"

蓝浦《景德镇陶录》卷一《图说景德镇》载:"景德镇属浮梁之兴西乡,去城二十五里,在昌江之南,故称昌南镇,其自观音阁江南雄镇坊至小港嘴,前后街计十三里,故又有陶阳十三里之称。水土宜陶,陈以来,土人多业此。"《景德镇陶录》卷五《景德镇历代窑考》载,"陈至德元年,诏镇以陶础贡建康"。

由上面的文献考察可知,景德镇所在地的县志、本地学者所撰陶瓷专业文献,对于唐以前的景德镇制瓷情况,做了不止一次的记载,不仅记载了其渊源,而且记载了南朝时(陈朝和隋朝)景德镇向朝廷进贡陶础和狮、象大兽等瓷雕之事,而且记载这些瓷雕"巧"。

这些文献记载了景德镇陶瓷的起源,包括唐代及唐以前的制瓷业面貌和成就,记载了唐代景德镇瓷业的管理、生产机构以及招徒规约等。以上诸种文献的考察表明,这些文献不仅肯定了唐代景德镇制瓷业及其成就,而且汉代以来景德镇制瓷业就有较高的水平。唐代景德镇制瓷业的成就,是以唐之前的制瓷业成就为起点和基础的。

(2)出土实物

①《景德镇陶瓷史稿》转述了已故著名陶瓷专家陈万里先生的考古挖掘报告:1953 年在景德镇附近的石虎湾,首次发现了许多唐代所烧造的瓷片;这是唐代景德镇的实物遗物,在景德镇陶瓷史上还是第一次发现。

"石虎湾(或作白虎湾),位于湘湖与湖田(两地都是宋之窑址)之间,离镇二十华里。

公路靠小山坡,左边碎片及烧窑工具堆积极多。碎片的胎土均属灰色,这是利用当地泥土所烧造的物品。胎骨一般较厚,偶尔也有薄的。盘底宽边,重合入窑,因此宽边上有支烧的痕迹。盘心里也有敲去支烧的遗存部分。底心有釉,色泽极似长沙出土的东西。青釉带黄,像一般人所称的蟹壳青,但青的程度,接近越窑的艾(草)色,就是所谓橄榄色。釉极薄,有极细的纹片。还有青釉洗,平底不挂釉,浅碗外面有凹纹,一切制作,显然是唐代的风格。就大体上说跟岳州窑相近,根据陆羽《茶经》所评的茶碗'越州上,鼎州、婺州次;岳州上,寿州、洪州次'的次序,当时岳州的作(产)品已居第四位;并且就最近二十年长沙出土的情形看来,岳州青瓷的生产量很大,可能会影响到景德镇的制作。石虎湾除唐代的碎片外,白釉的也有,盤碗的底足较高,底心填以渣饼烧造,胎土纯白,是宋代早期的作品。因此石虎湾的碎片范围颇广……由此往南,过溪不远,青釉碎片还(有)很多,更可想是唐代烧瓷在石虎湾附近是盛极一时的了。烧造的时间可能从唐代起一直延长到宋。"[11]

已故著名陶瓷专家早在1953年的考古考察中,根据窑址遗物分析,肯定了唐代景德镇即已生产陶瓷的观点,肯定了唐代景德镇即已生产青瓷和白瓷的事实,并指出了宋早期的延烧情况。

②景德镇20世纪80年代初的发掘情况如下:"1982年5月间,景德镇太白园附近落马桥基建工地发现一处唐代瓷窑,堆积厚达7米,地表层早年被扰乱。从堆积的底层出土的青瓷碗分析,形制为敞口,腹壁斜削,内底微下塌,玉璧形底。底足边沿粘结有五个泥支钉。浅灰色胎,胎壁厚重。通体施釉,釉呈淡蟹壳青色,青中泛黄的成分较多,开冰裂细片,釉面有气泡,器底处有垂釉现象,釉薄而较透明。落马桥窑所出青瓷碗,与浙江诸暨牌头茶场唐贞元十年(794年)和浙江上虞联江帐子山贞元十七年(801年)墓所出青瓷碗相同。考古报告指出,景德镇五代青瓷的特征是'9个到12个支钉不等,圈足壁要比唐中晚期的玉璧形底明显减薄,且足也稍高,胎质更致密……釉呈纯正的蟹壳青色'。"[12]

"1982年在景德镇太白园附近落马桥一带进行基建掘土时,发现古窑堆集点。在距地表约7米深处,没有搅乱的元、宋及少量五代瓷片和匣钵的下层,发现了唐代碗残片。"[13]

"从地理来分,景德镇属于越窑系区域;该唐代瓷片胎质,釉青黄,矮圈足……和越窑青瓷基本相同。"

1982年5月的唐代瓷窑被发现及其发掘的器物,与同期越窑制品相比,肯定了唐代景德镇制瓷业成就。唐代景德镇制瓷器物,不断被发现。

③1990年在位于景德镇东北6公里处的白虎湾发现一件带有"大和五年"(831年)铭文的唐代青釉瓷碾残器。"这是景德镇首次发现带纪年铭文的唐代青瓷,是佐证我市唐代瓷业的宝贵资料。"

罗学正、黄云鹏两位古陶瓷学者在发现唐代"大和五年"青瓷碾残器的地方,又先后采集到与此器物胎质、釉色完全一致的碗残片12块、罐残片2块。他们从瓷质、器物形制以及装烧工艺等方面进行综合研究,得出如下结论:"青瓷碨与采集的碗、罐胎釉特征完全一致,应属于同一时代、同一窑口生产的产品,上刻'大和五年'铭文定为唐文宗'大和五年'符合历史逻辑。又因上述标本采集于窑址或窑址附近,无疑属于当地窑工所造。……与唐代有关文献关于瓷器的记叙相吻合。"[14]

1990 年出土的器物,有明确的唐代纪年。考古学者考察了"大和五年"年号的归属时间。据专家考证,"大和五年"年号,在中国历史上,只在唐文宗时和五代有,通过文献检索,否定了五代说,而肯定了此"大和五年"确属于唐文宗"大和五年",从而为证实唐代景德镇已有瓷业生产找到了无法辩驳的证据。

文献的考察和 20 世纪 50 年代至 90 年代的考古发掘实物,都证实了唐代景德镇(昌南镇)烧造瓷器,已是不争的事实。

但是,唐代景德镇瓷器的工艺水平和艺术水平,与史籍记载和考古发掘的实物(到目前为止)有所不符,没有达到史籍记载的"假玉器"的程度。景德镇本土考古专家就曾下过这样的结论:唐"大和五年"铭文瓷碨及碗、罐标本,展示了景德镇瓷业草创时期的工艺状况和产品面貌,证实了《饶州府志》《浮梁县志》以及《景德镇陶录》等清代文献,关于唐初"唐人献假玉器"以及所谓"陶窑""霍窑"的记载有误的结论。

我觉得,罗、黄两位先生所称唐代窑址未必就是"陶窑"和"霍窑"的遗址,这座窑址所出瓷器就是陶玉所献"假玉器"。一个时期的陶瓷发展水平不一,是为任何一个历史时期的陶瓷本身的发展状况证实了的。唐代景德镇的陶瓷发展水平与质量,各瓷窑都不同。更何况,后世还有官窑、民窑之分。文献记载,唐代的景德镇已有"监务厅",已"制瓷进御"。因此,有必要对唐代景德镇的"陶窑"和"霍窑"及景德镇的制瓷成就与水平,尤其是"假玉器"问题,进行深入的探讨。

道光十二年版《浮梁县志》、清嘉庆二十八年(1823 年)版《景德镇陶录》、清同治版《饶州府志》、清吴允嘉《浮梁陶政志》等文献中均有关于唐代景德镇瓷"假玉器"的记载。这便是"假玉器"问题的来源。

唐代越窑青瓷"如玉似冰",邢窑白瓷"类银似雪",这两个评价的共同点是它们的呈色是相吻合的,都是从瓷质和釉面两个方面来加以判断。所不同的是,评价唐代越窑青瓷和邢窑白瓷的文献出自诗人和"茶圣"陆羽之手,而评价唐代景德镇的文献出自当地,而且是后世的文献。我们知道,任何历史都是当代史,当代的文献评价当代的任何事物,都打上了当代人的印迹。因此,清代的文献评价唐代的瓷器,当然也打上了作者所处时代的烙印。显然,这种文献的真实性和可信度值得怀疑。单凭一组清代文献论述唐代"陶窑"和"霍窑"的成就,显然是不可信的。只有回归历史真实,根据当时的文献记载,结合流传有序的实物和考古发掘的实物,才能对唐代景德镇"陶窑"和"霍窑"的成就与水平做出正确的判断和分析。

唐代景德镇瓷器的呈色，只能依据流传的实物和后世考察、发掘的器物，参考后世的文献，以及最接近唐代的五代瓷业成就来加以判定。

从目前掌握的实物资料来看，唐代景德镇白瓷尚无馆藏记载，文献记载的"陶窑"和"霍窑"窑址尚未被发现。据专家们对发掘成果的研究，唐代景德镇瓷器的成就和水平应做如下评价：

"清代文献对唐代昌南镇（景德镇）的瓷器叙述得较具体，瓷质达到了'假玉器'、'莹缜如玉'。技法作成了薄胎，'体稍薄'、'质薄'，色面是'素润'、'色亦素'。

"至于文中所指'佳者莹缜如玉'和'称为假玉器'的评语，虽然尚无相当实物可以印证，但如联想北方邢、定二窑的唐代透影白瓷精美程度，以当时景德镇瓷土之纯净与工艺之高超，理应是不难作成媲美于邢窑、定窑的白瓷，况且已有记载可考。"[15]

21世纪关于唐至五代时期景德镇窑的重要发掘，集中在南窑和兰田窑。南窑遗址位于景德镇市乐平市接渡镇南窑村，是全国都少见的保存完好、规模宏大的唐代窑址。其始烧于中唐，兴盛于中晚唐，衰落于晚唐。此遗址于1964年被发现，但系统及全面地进行考古发掘活动是在2011年和2013年。考古资料显示，其窑山面积逾3万平方米，从整体规模和制瓷工艺、流程等方面，均能对唐代南窑制瓷的真实场景进行再现，为唐代景德镇地区制瓷技术研究提供了实物资料。

窑山北部散布着大量的窑具和瓷器残片，东西最长200米，南北最宽153米。地表可见明显的脊状隆起13条，每两条隆起之间的低洼处均分布长条形的龙窑遗迹，共12座，由中心最高处向东、北、西三个方向呈扇形分布，长度均为60米以上，最长者有78.8米。此遗址为迄今发现的最长的唐代龙窑遗址，填补了景德镇地区窑炉形制早期形态的空白，为江西制瓷史，乃至全国陶瓷史的研究提供了重要的史实依据。

根据南窑出土的瓷器品种可以推测，其主要烧制青釉瓷、酱釉瓷、青釉褐斑瓷、青底褐釉彩绘瓷及素胎瓷，其中以青釉瓷为大宗产品。器型除常见的碗、瓶、壶、罐类外，还有灯盏、瓮、水盂、腰鼓，以及茶碾、瓷权、砚滴等罕见器物。产量很大，品种繁多，唐时南窑之兴盛可想而知。腰鼓和形制硕大的碗形器具，据推测，应为满足西域人的需求而专门烧造的。由此可见，在唐代，赣鄱地区就已与西域文化有所交流。这也为《太平广记》中对洪州胡商的记载提供了实物证据。

就南窑出土瓷器的烧造特征来看，其品类主要为大众所用的日用粗瓷和品质上乘的高档瓷器两种。优质瓷器造型典雅、胎质细腻、釉层均匀、色泽莹润，具有较高的艺术观赏性，具备长沙窑和越窑特征，亦可与两窑上层瓷器媲美。同时根据出土窑具及龙窑遗址可推测，其器物采用龙窑，以瓷泥衬块间隔明火叠加烧制，部分优质产品采用匣钵内置单间或多件叠烧，此烧制方法为南窑独有，为唐代龙窑器具烧制过程中窑位的区分和装烧工艺的研究提供了依据。[16]

兰田窑位于景德镇市浮梁县湘湖镇兰田村金星自然村西北部,2012 年 10 月由北京大学考古文博学院、景德镇市陶瓷考古研究所和江西省文物考古研究所组成的考古队开始考古发掘。兰田窑窑址分布较广,由万窑坞、牛氏岭和小金坞三处主窑址组成。其始烧时间虽略晚于南窑,但烧造时间及延续性较长,一直至北宋时期,对景德镇早期制瓷业及瓷器成品的系统性研究具有重要意义。

万窑坞遗址位于金星自然村西北,分布面积约 1 万平方米,文化层堆积近 2 米,保存较为完好,清理出一批唐至五代时期的青釉瓷、五代白釉瓷、宋代青白瓷及各时期窑具标本。其中,青釉瓷占总体的 90%。

牛氏岭遗址位于万窑坞以南约 1 公里。虽然牛氏岭遗址的发掘并未完全展开,但就裸露于地表的瓷片及窑具可以得知,其窑址分布亦很广泛,且堆积层较厚。瓷片标本釉色明亮,青中泛黄,具有明显的长沙窑和洪州窑特征。碗、盘类采用支钉叠烧法烧制,支钉数量较五代少,器物底足较大,均为未上釉的涩胎,分圈足和平底足两种。圈足者足壁较厚,与唐代玉璧足有类似之处。出土标本与万窑坞标本基本类似,应为唐晚期遗址。

小金坞遗址位于牛氏岭以南约 0.5 公里处。根据地表标本可知,其瓷片与牛氏岭窑址上的瓷器器型、釉色基本相同,装烧方法如出一辙。[17]

以上三处遗址出土器物的整体形制及装饰特征亦有明显的洪州窑、越窑及长沙窑痕迹。器型除常见的碗、盘、执壶、罐类等外,还有腰鼓、瓷权、瓷网坠等功能用性器具,青釉执壶、青釉碗、青釉茶叶罐等茶具,以及茶碾的碾轮、碾槽等制茶工具。这反映出唐代景德镇地区饮茶风俗之兴盛,与《新唐书·食货志》中"各地产茶数量多少不一,以浮梁出茶最多"的记载相互印证,亦从侧面说明了正是景德镇地区产茶数量之多,促进了景德镇饮茶具和制茶具的生产。

由此可见,南窑及兰田窑瓷器烧制及装饰特征受到越窑、长沙窑和洪州窑的影响,虽产品多以大众粗瓷为主,但其中亦不乏精品,且精品艺术特征与烧制成品效果可与同时期的其他窑口所出精品媲美。景德镇唐代瓷器制作在兼容并蓄的进程中,地域化特性也逐渐明显。

（3）结论

综上所述,唐代景德镇产青瓷,也产白瓷,既产一般的民用瓷,也产"假玉器"之类的高级瓷器。这种"假玉器",代表了唐代景德镇的制瓷水平。当然,"陶窑"和"霍窑"瓷器的真实面貌,只有期待来日"陶窑"和"霍窑"的发现和发掘了。

三、宋代青白瓷系流变及其烧造探讨

宋代景德镇青白瓷,不仅在元代景德镇继续烧造,而且在材质、装饰、烧造工艺以及制品风格等方面,形成了自己的时代特征。这是宋代景德镇青白瓷在历史长河中的流变。

不仅如此,宋代还在以南方为主的地区多处烧造,形成既有共同的时代特征,又有各自地域风貌的青白瓷系。

(一)宋代江西吉州窑、南丰窑等窑的青白瓷烧造情况

宋代烧造青白瓷的江西窑口,主要有吉州窑(永和窑)、南丰白舍窑等。

1.吉州窑

吉州窑,因窑址在江西省吉安县永和镇,故又名永和窑。

1974年,江西省文物管理委员会曾对该窑进行试掘,得知北宋层所出瓷片类似景德镇湖田窑产品,呈色为青白色。器物形制有类似于景德镇湖田窑所产的注子、注碗之类,光素无纹,质地不如景德镇湖田窑产品精。注子多呈圆鼓形,注碗有坦口深腹及瓜棱形两种式样。另外,在出土遗物中,尚有大量覆烧的盘、碗等物,内印缠枝花卉。考古人员在窑具遗迹中发现一件刻有"咸淳癸酉腊月"六字的宋代纪年表。咸淳癸酉为南宋度宗咸淳九年(1273年)。有的盘、碗里刻印"吉""记"等文字,有的匣钵还刻划"朱""尹""曾"等姓,类似于现今某些农村在瓷碗、盘底心刻上自家的名或姓一样。经过考察,现今永和窑址附近有朱、曾、尹等姓的人居住且以制瓷为业。可见,这些青白瓷遗物为南宋制品。这与元末明初刊行的《东昌志》中的"永和名东昌,地旧属泰和,宋元丰间割属庐陵,遂以泰和为西昌,永和为东昌,东昌之名肇于此。上自汉唐,事迹无传。至五代时,民聚其地,耕且陶焉,由是井落、墟市、祠庙、寺观始创……及宋寖盛,景德中为镇市,置监镇司掌瓷窑烟火公事,辟坊巷六街、三市,时海宇清宁,附而居者至数千家,民物繁庶,舟车辐辏"的记载大体吻合。

通过以上考察可知:吉州窑至北宋时烧造青白瓷,并设镇市,窑业繁盛,至南宋时仍继续烧造,装烧方法与景德镇窑相似,所出器物样式大体同景德镇窑所出产品,只是略有不同。从装饰来看,北宋以釉色取胜,光素无纹;南宋印花风行,纹样以缠枝花卉为主,不及北宋景德镇青白瓷纹样丰富。

2.南丰窑

关于南丰窑,清同治十年(1871年)刻本《南丰县志·古迹志》卷十五载:"白舍,宋时置官监造瓷器,窑数十处,望之如山,久废。"

由前文所引蒋祈《陶记》中提到的"临川、建阳、南丰他产有所夺二地",可知以上三窑是当时与景德镇窑竞争的三处窑场,可见瓷器兴烧之盛,可与清同治十年刻本《南丰县志》所载"宋时置官监造瓷器,窑数十处,望之如山"的景象相印证。

1960年,江西省文物管理委员会在进行文物调查时,发现了南丰窑窑址,窑址范围长达2公里,窑址堆积达16处,地面散落大量的瓷片,所出瓷片为青白色,胎质洁白,釉润泽。造型、釉色以及垫饼支烧的烧造方式,都与宋代景德镇窑大体相似。不同之处主要在于底部不是宋代景德镇青白瓷底部所呈现的黄褐色,器皿口沿有一圈酱口。另外,在器型上,

盘、碗、碟、炉等的形制与景德镇窑所产产品相近。"壶有两种式样:一种为瓜棱壶。瓜棱壶,壶身通体呈瓜棱形,配以细长的壶流及曲柄,仍留有金属器的遗风,壶腹部划刻几条弦纹装饰。一种为八方形壶,壶腹部有凸起的一道接痕,可以看出是分为两段成型之后黏(粘)连在一起的,留有凸起痕是修坯草率的结果。"[18]

南丰窑的考古发掘和传世器物中不断有新的器物出现。

(二)宋代青白瓷系江西以外的窑口烧造情况

1. 宋代福建青白瓷烧造情况

宋代福建省烧造青白瓷的区域,根据福建省博物馆的林忠干和南平市博物馆的张文鉴两位先生的考察,大致可分为闽北和闽南两个区域。闽北与江西接壤,地理位置靠近景德镇,与内陆更近;闽南的丘陵和平原濒临海洋。宋代福建青白瓷烧造是从闽北发展到闽南的。

闽北自北宋中晚期开始烧造青白瓷,闽南自北宋晚期开始烧造。

闽北烧造的早期产品胎体轻薄,呈白色或灰白色,釉呈青白色或白色,釉层轻薄,施釉不到底,往往泛灰。采用支圈组合式覆烧法,多为芒口器。至元代,闽北青白瓷的烧造已呈衰落之势。

宋代福建青白瓷以闽南烧造的为代表。德化窑、泉州窑等是其代表性窑场。

1)德化窑

德化窑,创始于宋,至明代成为烧造白瓷的代表性窑场,所产白瓷有"中国白"之称。宋应星在《天工开物·陶埏》中评价道:"德化窑,惟以烧造瓷仙、精巧人物、玩器,不适实用。"

1976年,福建省博物馆对德化窑进行了大规模发掘,发现宋代青白瓷遗物,窑址主要有碗坪仑、屈斗宫和祖龙宫一带。德化窑的早期相当于北宋晚期至南宋早中期,以碗坪仑下层遗存为代表,所见青白釉瓷呈色深浅不一,胎釉轻薄,不太稳定。典型器物有盒、碗、盘、碟、执壶等,有圈足器和平底器两种,以托座叠烧为主。其中,以托盘和托柱组成的塔式窑具是专门放置器物的窑具,极具地方特色。装饰方法上刻划、模印并重,纹样有地方特色。德化窑的二期以碗坪仑上层遗存为代表,相当于南宋晚期至元代初年。本期产品釉料成分有所变化,多呈青灰色。受龙泉窑的工艺影响,胎釉较前期粗糙,器物样式多沿袭前期,其他各方面也承袭前期。折口盘、侈口细颈圆腹军持、荷叶形的长颈瓶等,是本期的独特器型,也是德化窑青白瓷的独特器型。

2)泉州窑

元周达观在所著《真腊风土记》中载:"其地(注:指真腊,今柬埔寨)……以唐人金银为第一。五色轻缣帛次之,其次如真州之锡镴、温州之漆盘、泉州之青瓷器……"这是记载泉州窑的最早文献。

实际上,早在宋代,泉州青白瓷器就已经大量远销海外了。

这一点,为南宋理宗宝庆元年(1225 年)泉州市提举赵汝适所撰的《诸蕃志》所证实。

北宋哲宗元祐二年(1087 年),泉州市舶司正式设立。《宋会要辑稿》载,嘉定十五年(1222 年)十月十一日,臣僚言:"国家置舶官于泉、广,招徕岛夷,阜通货贿,彼之所阙者,如瓷器、茗、醴之属,皆所愿得。"

赵汝适所撰的《诸蕃志》载:泉州出口的物品以陶瓷为大宗。

宋代泉州烧造青白瓷的窑址为碗窑乡窑址。器物以青白瓷折沿大盘为多,盘心多留有叠烧时黏结的条形支具痕;其次为深盖直沿式碗,多刻莲瓣纹。洗类器物覆烧而成,洗心印花卉,胎较薄,釉较润,洗口旋整齐,口边较景德镇所产洗类器物厚。

3)宋代福建青白瓷与宋代景德镇青白瓷

对宋代德化窑、泉州窑青白瓷烧造情况和宋代景德镇青白瓷烧造情况进行比较,我们可以得出如下结论:

从胎釉看,福建窑口的青白瓷不如景德镇的精细,胎质显粗糙,釉色不如景德镇的莹润和稳定。德化窑青白瓷的白度比景德镇的高。当然,福建窑口在青白瓷生产工艺娴熟时,也烧造了不少精品。

从器物造型来看,景德镇五代唇口、花口碗,宋代鼓腹高足碗、斜壁小底的斗笠式碗、直口弧壁碗、侈口弧壁碗的生产与制作工艺,都深刻地影响了福建窑口的青白瓷生产和制作,器物造型几近相同。其他品种,如宋代景德镇瓜棱形的矮身或高身执壶、平底碟、洗、菊瓣形粉盒、油盒等,宋代福建青白瓷窑口也有烧造,造型风格基本一致,表现出相同的时代风格。当然,从总体而言,福建窑口的青白瓷造型不如景德镇青白瓷多样。但福建窑口独创了一些特有的宋代大海碗、大型果盒、军持等造型,表现出一种地方风格。

从装饰来看,福建窑口与景德镇窑口的青白瓷装饰方法基本相同,刻、划、印等技法都有。但福建窑口的青白瓷刻花刀痕不深,划花略显草率,印花较粗糙,总体不如景德镇的秀美。但德化窑青白瓷盒的装饰丰富多彩。

在装烧工艺方面,福建窑口与景德镇窑口有自身的特点。

福建窑口与景德镇窑都会采用匣钵正烧和支圈覆烧方法。景德镇窑所用的支圈组合窑具,在南宋中期以后风行。入元以后,由于烧制技术的发展和使用要求的提高,采用覆烧法生产的芒口瓷器已不受欢迎,产量渐渐减少。闽北窑口的装烧方法与景德镇窑保持相对的一致性,而闽南窑口为追求产品的数量,在元代仍然大量采用支圈组合窑具装烧。景德镇窑在五代时期采用托座叠烧,器物间以支钉相隔,以致留下支钉痕。福建窑口改进此法,采用齿形垫圈或将器心旋出一圈瓷胎,亦称涩圈,以免重叠时黏釉,从而使疤痕减少或不留疤痕。此法自北宋开始使用,至清代仍在民窑流行。而景德镇窑到元代才开始应用此法。这种方法对增加装烧密度、节省原料、提高产品烧成率,具有很大的意义,是福建窑口的显著工艺特点。此外,宋代德化窑发明伞状窑具装烧盒类产品,这在景德镇窑中是罕见的。

2. 宋代湖北青白瓷的烧造情况

关于宋代湖北省青白瓷的生产情况,一直到 1989 年在湖北省武昌县梁子湖西岸的土地堂乡青山村发现湖北第一座古窑址时,世人才略知一二。遗址有大量的古瓷片,两条龙窑。品种有青瓷、白瓷和青白瓷,产品种类有碗、盘、碟、盏、钵、执壶等日常生活器皿。还有大量的窑具。

武昌青山窑的生产年代,经考古地层发掘,可定在五代末至北宋。到靖康以后,由于历史原因,此处窑场停止了生产。

陈尧成、陈虹等对青山窑青白瓷、宋代景德镇青白瓷、元大都出土的青白瓷与宋代德化窑青白瓷胎、釉等成分进行过对比研究[19]。

研究结果表明,湖北青山窑青白瓷瓷胎的化学组成以高硅(71.8%—74.8%)、高钾(3.2%—4.0%)和低铝(18.8%—22.0%)为特征。这与北方的高铝质瓷胎有明显区别。其组成属南方瓷胎系统,但与景德镇窑、元大都发掘的青白瓷胎和安徽窑青白瓷胎的组成差异大,而与福建德化窑青白瓷胎的组成相近。

青山窑青白瓷釉的化学组成,与瓷胎一样,亦与德化窑青白瓷相近,而与景德镇窑青白瓷、元大都发掘的青白瓷以及安徽青白瓷釉有明显的区别。

但是,湖北出土的宋代青白瓷,并不都是湖北自产的;而且可以说,湖北出土的大量宋代青白瓷都来自青白瓷的故乡——景德镇。

蒋祈《陶记》所载"江、湖、川、广,器尚青白,出于镇之窑者也",就已经指出了在蒋祈所在的时代,青白瓷在这些地区的流通情况。

3. 宋代安徽省青白瓷的烧造情况

和许多省一样,宋代安徽省的青白瓷烧造情况有两种:一是自产自销;二是经流通而来。甚至同一个墓葬中随葬这两种青白瓷,如:1987 年,安徽出土 8 件宋代青白瓷,造型有执壶、盏托、缸、盖、钵、碗等日常用品;1988 年 3 月,望江县翠岭乡城西村宋墓出土瓷器 6 件,造型有壶、枕、碗、碟等;1988 年春,望江县杨湾乡杨湾村青龙嘴宋墓出土宋代青白瓷 9 件,有注壶 1 件、执壶 1 件、碗 3 件、碟 1 件、荷叶形口沿碗 1 件、炉 1 件和六瓣莲花形碗 1 件[20]。

其实,远在 20 世纪五六十年代,安徽境内就有不少宋墓出土宋代青白瓷器。如 1963 年 11 月安徽宿松隘口公社清河大队洛土生产队便在伴有墓志铭的北宋哲宗元祐丁卯年(1087 年)墓中出土近 40 件(套)青白瓷,器型有碗、碟、钵、罐、盂、瓶、茶托、注碗等。出土地不一,造型有别,呈色不同,装烧方法与窑具略有差异。研究人员认为,这个墓葬中随葬的宋代青白瓷,既有北宋景德镇窑烧制的,又有安徽繁昌窑烧制的。"宿松出土的这批影青瓷器,从釉色来看,基本上有两种不同的特点。一种是釉呈纯正的青白色,透明度很强;一种是釉黄白略带青色或米白微泛青色,透明度较弱。前者,胎都洁白、质坚硬、细腻,火候很高。后者,胎呈黄白或灰白色,与前者比较起来,胎质与火候都差。"[21] 前者指江西北宋景德镇湖田窑所产,后者指安徽繁昌窑所出。

其实,两窑制品在器物形制和装饰方法方面也有区别。

安徽繁昌窑是宋代烧造青白瓷的窑场。20 世纪 50 年代,在繁昌柯家冲发现 11 处青白瓷窑址,此后又陆续发现几处。繁昌与景德镇距离不远,两地间瓷业产生联系以及相互影响与学习,是很自然的事。虽然宋代繁昌窑所烧制的青白瓷总体水平与质量不及景德镇窑的产品,但它在装烧方法方面亦有独特的创造。繁昌窑青白瓷胎坯入窑装烧时,都采用和足底大小基本相同的圆形垫饼垫烧,足内壁和底都露胎,不像湖田窑的产品那样,足底中央遗留小于底径的圆形或环形痕迹。另外,湖田窑所产青白瓷器,如碗、碟等圈足器,足内壁向外倾斜度较大。足内壁向外倾斜度的大小与垫饼或垫圈的大小有关系。

宋代安徽青白瓷的烧制和出土情况及其特征大致如此。

4. 宋代广西青白瓷的烧造情况

关于宋代广西青白瓷的制作和生产情况,文献无记载。了解宋代广西青白瓷的面貌,只能借助出土文物了。

蒋祈《陶记》中所言"江、湖、川、广,器尚青白,出于镇之窑者也"之中的"广",应包括广西和广东。蒋祈在这里只是指出了广西也崇尚来自景德镇湖田窑的青白瓷,并未言及宋代广西青白瓷的制作和生产情况。

至目前为止,考古发现,宋代广西生产青白瓷的窑址有十几处,大多聚集于桂东南地区,形成北流河流域、桂平及武思江上游三个区域。创烧时间自北宋中期开始,在北宋晚期、南宋初期形成宋代广西青白瓷烧造的繁荣期,大约在南宋后期至元初停烧。有代表性的窑场有广西藤县窑、永福窑等。

与其他省区一样,宋代广西青白瓷既有共同的时代特征,又具有鲜明的区域特点。根据出土情况,可以对宋代广西青白瓷的自身特征,做如下概括和比较:

从装烧方法来看,宋代景德镇青白瓷有叠烧、仰烧和覆烧三种装烧方法,宋代广西瓷窑流行叠烧和仰烧两种不同的装烧工艺,从一开始就形成青瓷窑使用叠烧、青白瓷窑使用仰烧这一泾渭分明的装烧工艺。由于仰烧时要用垫饼支垫于器物圈足内以隔开器物与匣钵,因此器物圈足内均留有一块颜色比胎深的墨褐色或黄褐色的圆形支垫痕,这是宋代广西青白瓷的特点之一[22]。

从胎、釉的化学组成来看,与宋代景德镇青白瓷相比,宋代广西青白瓷有所不同。

其中,宋代广西藤县中和窑瓷胎的氧化物组成情况为:SiO_2 占 66.89%,Al_2O_3 占 24.28%,CaO 占 0.55%,MgO 占 0.4%,K_2O 占 4.21%,Na_2O 微量,Fe_2O_3 占 0.75%。

铝氧化物的组成,显然比宋代景德镇湖田窑瓷胎高。这是制品胎质强度高而不易变形的原因。胎中铁氧化物为 0.75%,与宋代景德镇湖田窑瓷胎接近,这使制品的白度和透明度较高。

根据测试,其制品的釉中着色剂铁氧化物存在状态及含量为:Fe_2O_3 占 0.75%,FeO 占 0.29%,说明釉中铁氧化物含量较低,因而能够烧出白中微泛青蓝色的纯正青白釉。

宋代广西青白瓷在装饰方面,很有特色,以印花为主,纹样有浓郁的地方色彩。仅在广西藤县中和窑、北流岭峒窑和容县城关窑遗址就先后出土碗、盏、盘、碟等印花模具及其残件 60 余件。其中,藤县中和窑还出土"嘉熙二年戊戌岁春季龙念叁造囗"字样的飞鸟莲花纹盏印花模具,这是至目前为止唯一的一件有纪年的器物。宋代广西蓉县城关窑西郊下沙窑区出土"莫八郎元祐七年三月……花头"款缠枝菊花盏印花模具 1 件。这两件有确切纪年的模具的出土,为宋代广西青白瓷的断代提供了依据。另外,印花纹样有鲜明的地方特色:印花纹饰空间多填以编织纹、图案化的水波纹、珍珠地或鲨鱼皮地,用以衬托主题纹饰。宋代广西青白瓷中缠枝花卉纹、海水游鱼纹、海水摩羯纹等具有浓郁的地方色彩,为其他窑所未见。

在器物形制方面,丰富多样与独具一格并存。出土文物显示,宋代广西青白瓷的器型,涉及生活的方方面面,形式多种多样。其中,青白瓷腰鼓的形制,独具风采。广西藤县窑所产腰鼓,一头为广口,一头为圆形,中腰细而长,两面箍鼓皮形式,独具广西特色。另,广西永福窑田岭窑最具特色的制品便是花腔腰鼓。遗址出土残器达数百件之多,一座窑址出土如此之多的腰鼓,实属罕见。"南宋四大家"之一的范成大在《桂海虞衡志》中记载了宋代广西永福窑制作的花腔腰鼓:"花腔腰鼓出临桂职田乡,其土特宜鼓腔,村人专作窑烧之,油画红花纹以为饰。"

5. 宋代广东青白瓷的烧造情况

在两广之中的广东,宋代青白瓷的烧造也很活跃,并具地方特色。其代表性窑场是潮州窑和广州西村窑等。

潮州窑,又称潮安窑。商务印书馆影印的清文渊阁四库全书本《砚山斋杂记》(清代孙承泽撰)称:"广东窑,出潮州府,其器与饶器类。"清代程哲在《蓉槎蠡说》中亦做了相同的记载。故宫博物院和广东省博物馆从 1953 年至 1972 年连续六次调查、发掘,出土的大量实物表明:此窑上限始自唐,宋时,潮安属潮州,故称潮州窑。唐时烧青瓷,宋时烧青白瓷。其中,笔架山窑址规模较大,遗物堆积达 3000 米之长,当年窑业活跃,有"百窑村"之称。

20 世纪 20 年代,潮州曾出土 4 件释迦牟尼塑像,冠发、眉眼、胡须均为青褐色,器胎莹白,釉呈卵青色。塑像底座四面均刻有铭文。其中:1 件为治平四年(1067 年)制品;2 件为熙宁元年(1068 年)制品;1 件为熙宁二年(1069 年)制品。施舍人为刘扶及其家属,铭文中都明确地刻着"潮州水东中窑甲"七字,匠人署名"周明"。同时出土 1 件浮雕莲瓣炉,香炉积釉处呈淡青葡萄色。

笔架山出土遗物品种分青白釉、青釉和黑釉三大类。其中,青白釉占43.15%,青釉占25.64%,黑酱釉占12.61%,其他占11.44%。它基本上是以烧青白瓷为主的宋代窑场。

出土器物以实用器物为主,最具特色的器物为壶、炉等。其中,鱼形壶数量惊人,仅笔架山窑址就出土宋代鱼形壶360余件。这种鱼形壶,除口、颈、流、柄外,整个壶身为鱼形,鳃、鳞、鳍、尾等均以刻或划的手法予以表现,生动、形象、别致。

潮州笔架山宋代青白瓷装饰技法主要有刻花、划花与篦划三种。另有青白釉褐彩装饰。

宋代广东生产青白瓷的重要窑场还有广州西村窑。窑址在广州市西北,离市中心约5千米,1952年发现,1956年发掘。烧制时代为宋代。主要品种和潮州窑一样为青白瓷、青瓷和黑釉瓷、褐釉瓷等。其中,以青白瓷为主。青白瓷的基调为白色,有的微呈淡青色,有的略带灰色或淡灰色。器物形制以碗、盘、碟、洗、壶等日常生活用具为主。产品主要外销至东南亚。所以,该窑大量生产小型的杯、瓶、罐等就是为了适应这种需要。其中,不少器物的造型、装饰手法及风格都与潮州窑瓷相似。烧制成功的青白釉瓷口径在32厘米和35厘米之间。造型端庄、器里刻划(或印花)精美纹饰的大盘,是广州西村窑一绝,堪与北宋定窑一比高下。

在装饰方法方面,广州西村窑集刻、划、印、刻划、彩绘、点彩、浮雕、捏塑八种技法于一窑,其中以彩绘和点彩为特色。

四、浅论景德镇陶瓷烧制过程中的美学思想

蒋祈《陶记》称:"至若冬泥冻脆不可以烧,坯陶既就,复不易操,则有'火房'。火事将毕,器不可度,探坯窑眼,以验生熟,则有'火照'。进坑石泥,制之精巧。湖坑、岭背、界田之所产已为次矣。比壬坑、高砂、马鞍山、磁石堂,厥土、赤石,仅可为匣模,工而杂之以成器,则皆败恶不良,无取焉。攸山、山槎灰之制釉者取之。而制之之法,则石垩炼灰,杂以槎叶、木柿,火而毁之,必剂以岭背'釉泥'而后可用。或覆、仰烧焉。陶工、匣工、土工之有其局;利坯、车坯、釉坯之有其法;印花、画花、雕花之有其技,秩然规制,各不相紊。"

蒋祈的这段话所体现和反映的,与战国时的《考工记》所提出的"天有时,地有气,材有美,工有巧。合此四者然后可以为良"[23](图4-1)和"审曲面势,以饬五材"一样贯穿于整个中国工艺美学思想中,也同时反映在绵延不绝的景德镇陶瓷制作和生产过程中。

冬天设置"火房",实则是天气、地气所致。冬季,瓷泥冻结,往往脆裂,不能用于烧坯。坯子制成后,不宜干燥,要放进火房里慢慢烘干。这种情况,在景德镇陶瓷制作中,一直到现在,都是这样。督陶官唐英在乾隆四年(1739年)六月二十五日《奏请赴窑厂经理陶务由九江知府照管关务折》中,对此做了很好的注释:"窃照窑厂诸务,奴才承办有年,久所熟

悉。其最关紧要之时，在春则于二、三两月，秋则八、九等月。盖二、三月间，当开工之始，所有器皿，各样俱须定准。至调停釉水、配搭颜料，皆于此时料理。其八、九月之候，风日高燥，于坯胎火候均为合宜，正当陶成各器之时。”清人刘辰一在《九江关监督承办新样瓷器恳请展限片》中称：“伏查烧造瓷器，向系二月春融开工，八月收工，一交冬令，水寒土冻，不能制造坯胎，并不能加以彩画。”

因此可知，“天时”“地气”是指自然的客观因素对陶瓷制作和生产的制约，这是不以人的意志为转移的自然客观规律。《考工记》在论述这一问题时，指出：“天有时以生，有时以杀；草木有时以生，有时以死；石有时以泐；水有时以凝，有时以泽。此天时也。”因此每当春暖花开，陶瓷生产的佳时来临之时，督陶官就很兴奋：“仰赖皇上洪福，天气晴暖，人情踊跃，坯胎、窑火、设色、书画，种种顺遂。”所谓的“地气”，《考工记》中有论述：“橘逾淮而北为枳，鸲鹆不愈济，貉逾汶则死，此地气然也。郑之刀，宋之斤，鲁之削，吴粤（越）之剑，迁乎其地而弗能为良，地气然也。”

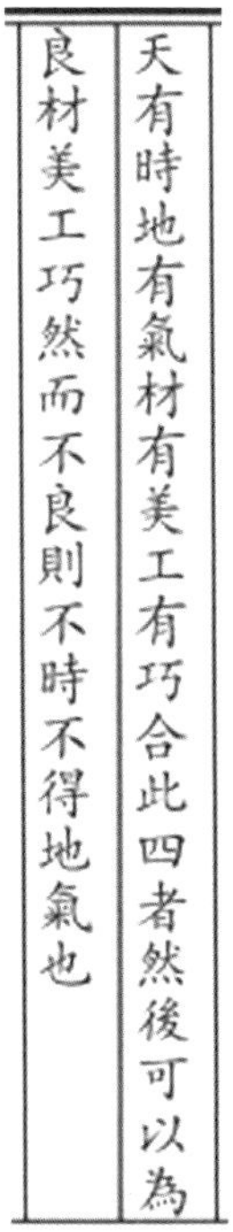
天有時地有氣材有美工有巧合此四者然後可以為
良材美工巧然而不良則不時不得地氣也

图 4－1　《考工记》中的记载

“从现代科学角度分析，‘地气’包括地理、地质、生态环境等多种客观因素。地理环境不同，会影响动、植物的生存或变异；各地矿物成分不同，水中微量元素的差别，也会造成金属制品的组织和热处理质量的差别。这些正是形成品牌的郑国刀、宋国斤、鲁国削、吴越之剑的内在原因。”[24]

清代学者周亮工在《闽小纪》中比较景德镇窑和德化窑之不同时，认为主要原因在于“水土”，而“水土”是陶瓷生产的内在基础：“相传景德窑取土于徽之祁门，而济以浮梁之水，始可成。乃知德化之陋劣，水土制之，不关人力也。”

清代景德镇本地学者蓝浦所著《景德镇陶录》卷一《图说景德镇》载：“水土宜陶，陈以来，土人多业此。”景德镇陶瓷的兴起、兴盛与特色，与景德镇本地独特的“水土”有关。

因此，蒋祈在《陶记》中所称“冬泥”“火房”之说，是指景德镇陶瓷的制作和生产要讲究“天时”与“地气”。天时、地气不同，不仅影响到陶瓷的制作和生产，而且直接影响到瓷品的内在品质和外观效果。

尽管景德镇陶瓷制品的胎、釉原料的化学构成基本一样，制作工艺和装烧方法也基本一样，但制品的内在品质和外在风貌都有区别，其内在原因便是“天时”和“地气”的不同。

至于“材美”“工巧”，从蒋祈的论述中，我们知道，材有“精巧”“为次”和“败恶不良”之分。材质是器物美否的基础，材质不同，器物不同，材质良否决定器物良否。同是景德镇窑所产陶瓷,因瓷石产地不同,器物质量有别。

进坑、湖坑、岭背和界田等,都是景德镇的瓷石产地。但因品质不同,陶瓷制品的精美程度不同。

景德镇湖田窑遗址出土刻有"进坑"和"试下项泥"字样的残片,前者胎骨洁白,透光度极好,釉色如冰似玉,白里微微泛青,极为精美。而后者釉色青中泛灰,胎骨亦不如进坑泥制的白,透光度也不如进坑制品。

古代一些陶瓷文献,对材质的重要性做了多方面的论述:

元《至正直记》卷二在谈到当年饶州(景德镇)御用瓷器原料时说:"饶州御土,其色白如粉垩,每岁差官监造器皿以贡,谓之御土窑。烧罢即封土,不敢私也。或有贡余土,作盘、盂、碗、碟、壶、注、杯、盏之类,白而莹,色可爱。底色未着油药处,犹如白粉,甚雅薄,难爱护,世亦难得佳者。今货者皆别土也,虽白而垩得耳。"[25]

好的土,被选作制造御器用,且窑以土名,谓之"御土窑"。清代学者孙廷铨在其《颜山杂记》中称:"孝乡之瓷疏土也,贫且贱者用之。"明、清御窑厂瓷器精美,其重要的前提便是占有最好的原料和釉料,清代学者梁同书在其《景德镇陶录》卷五载:"选料奉造,极其精雅。"清代著名陶瓷学者朱琰在《陶说》中说道:"选料不精,出器减色。"清代学者蓝浦在其《景德镇陶录》卷一《陶说·炼泥》中总结了造瓷经验:"造瓷首需炼泥,必以精纯为上。"

景德镇窑制作与生产陶瓷时,不仅十分强调和重视对材料特性的认识和把握、对材料本身的美和表现力的挖掘和发挥,而且十分强调"化性起伪"的技巧的作用。

《荀子·性恶》中称,"不可学不可事而在人者,谓之性;可学而能可事而成之在人者谓之伪,是性伪之分也",然而"性者,本始材朴也;伪者,文理隆盛也。无性则伪之无所加,无伪则性不能自美。性伪合,然后圣人之名一,天下之功于是就也"。

李泽厚先生就此论述道:"一方面,'本始材朴'是天然生成的东西,没有它,'文理隆盛'就没有对象,无所加,当然也就不会有美。所以,荀子认为美不能离开'本始材朴',它需要有一个自然的物质的实体或对象作为加工的基础。……总之,在荀子看来,美是'性伪合'的结果,也就是天然的材料加上人为活动努力的结果。"[26]

景德镇陶瓷,是材质美和加工美的结果。其所使用的制胎原料——瓷石,以及制釉原料——釉石加釉灰,本身呈色就很美。但是,瓷石和釉石的自然美,若不经过加工,是显示不出其美的本性的。而且,这种加工不是随意而为之,而要"因其可",即需要遵循规律和"秩然规则",正如蒋祈所说:"陶工、匣工、土工之有其局;利坯、车坯、釉坯之有其法;印花、画花、雕花之有其技,秩然规则,各不相紊。"这一点,我们可以从1995年在景德镇湖田窑遗址发掘的完整的"宋元作坊遗址"中窥见一斑。

不过,这种"因其可",不是无所作为,而要制瓷工匠充分运用智慧和技巧:泥料制备"要制之精巧";陶工、匣工、土工要有"其局",布局要合理;利坯、车坯、釉坯要有"其法";

而印、画、雕花等装饰技法要讲究技巧。烧成时根据用途、形制等采用覆烧、仰烧等不同的烧成方法。这样,景德镇才烧制出"浮梁巧烧瓷,颜色比琼玖"(彭汝砺《送许屯田》)的陶瓷。

注释:

[1]顾幸勇,陈雨前.关于"新平治陶"与"新平冶陶"的考证[M]//景德镇政协办公室.景德镇文化研究:第一辑.景德镇:景德镇政协办公室,2017:132-136.

[2]吴仁敬,辛安潮.中国史略丛刊:第3辑　中国陶瓷史[M].北京:中国书籍出版社,2022:19.

[3]江西省轻工业厅陶瓷研究所.景德镇陶瓷史稿[M].北京:生活·读书·新知三联书店,1959:43.

[4]景德镇市志编纂委员会.景德镇市志略[M].北京:汉语大词典出版社,1989:43.

[5]景德镇市地方志编纂委员会.景德镇市志[M].北京:中国文史出版社,1991:14.

[6]景德镇市地方志编纂委员会.中国瓷都:景德镇市瓷业志　市志2卷　下[M].北京:方志出版社,2004:481.

[7]浮梁县地方志编纂委员会.浮梁县志[M].北京:方志出版社,1999:600.

[8]同[3]52.

[9]中国硅酸盐学会.中国陶瓷史[M].北京:文物出版社,1982:265.

[10]李家治.中国科学技术史:陶瓷卷[M].北京:科学出版社,1998.

[11]同[8]48.

[12]同[6]726.

[13]虞刚.景德镇窑址调查二则[J].中国陶瓷·古陶瓷研究专辑,1982(7):136-140.

[14]罗学正,黄云鹏.景德镇唐瓷浅析[J].景德镇陶瓷,1992,3(1):96.

[15]叶喆民.中国陶瓷史[M].北京:生活·读书·新知三联书店,2006:190.

[16]张文江.景德镇南窑遗址考古发掘的重要收获[J].东方博物,2014(2):78-85.

[17]陈闽.兰田唐代瓷窑遗址调查报告[J].景德镇陶瓷,2017(3):13-14.

[18]同[9]270.

[19]陈尧成,陈虹,田海峰,等.武昌青山窑影青瓷的研究[J].江汉考古,1994(1):92-96.

[20]宋康年.略论安徽望江宋墓出土青白瓷的属性:兼论景德镇与繁昌窑青白瓷的异同[J].考古与文物,2001(1):74-75.

[21]王业友.浅谈宿松纪年墓出土的北宋影青瓷器[J].景德镇陶瓷,1984(S1):62.

[22]韦仁义.宋代广西的青白瓷[J].景德镇陶瓷,1993(Z1):13.

[23]戴吾三.考工记图说[M].济南:山东画报出版社,2003:97.

[24]同[23]97-98.

[25]故宫博物院.故宫陶瓷馆:卷2　宋辽西夏金元[M].北京:故宫出版社,2021:174.

[26]李泽厚.中国美学史[M].合肥:安徽文艺出版社,1999:313-314.

第五章　宋代景德镇青白瓷与审美

一、宋代政治、哲学对景德镇青白瓷审美风格的影响

宋代重文轻武、重内轻外的政策，不仅影响了宋代文学艺术的风格，对宋代包括景德镇青白瓷在内的陶瓷的审美风格，也同样产生了深刻的影响。"外部世界给宋人带来的心理影响是深刻的，它使宋人失去了汉唐那种博大、开阔、外向、奋发的眼界、胸襟、抱负与理想，变得畏缩、胆怯、内荏、羸弱，收回了对于外界投注、企盼、搜寻的目光，转为对于内心的反视、内省、调息与自控。……唐人恢宏阔大、博约高涨、豪放外向、爽朗自信的气魄从此失去，代之而起的是宋人克制自持、含而不露、温文儒雅、谨小慎微的心理品性。人们所追求的人生理想不再是唐代的出将入相、金戈铁马、高歌凯旋、轰轰烈烈的外部功业，转而为一种琴棋书画、诗礼弦歌、调息养气、宁静自适的内在充实"[1]。

宋代的这种时代风尚，深刻影响了宋代陶瓷的风格。宋代以景德镇为代表的青白瓷，也深受其影响，呈现出不同于唐代陶瓷的、为宋代所独有的审美风格。主要表现为沉静素雅、风姿卓绝、莹润如玉、意蕴隽永。影响宋代景德镇青白瓷审美风格的，不仅仅是这些，宋代的宗教思想、哲学尤其是理学对其审美风格的影响，更为直接、巨大而深刻。

（一）宋代理学对景德镇青白瓷审美风格的制约

以北宋周敦颐、张载、程颢、程颐和南宋朱熹等为代表的形成于北宋、集成于南宋的宋代理学，融汇儒、释、道三家之说，对宋代景德镇青白瓷的审美风格，产生了深刻的影响。

《朱子语类》卷十四载，"《大学》一书，皆以修身为本，正心、诚意、致知、格物，皆是修身内事"，强调格物致知、修身养性，"致知在格物。物格而后知至，知至而后意诚，意诚而后心正，心正而后身修，身修而后家齐，家齐而后国治，国治而后天下平"（朱熹《四书章句》），"格物致知"是达到修、齐、治、平理想境界的逻辑起点和心理前提。朱熹曾言，"学问须以《大学》为先，次《论语》，次《孟子》，次《中庸》"，对儒家经典《大学》《论语》《孟子》《中庸》，"下工夫，句句字字，涵泳切己，看得透彻，一生受用不尽"（《朱子语类》卷十四）（图5-1）。

在谈到"格物致知"时，朱熹进一步谈到，"盖人心之灵，莫不有知，而天下之物，莫不有理。惟于理有未穷，故其知有不尽也……至于用力之久，而一旦豁然贯通焉，则众物之表里精粗无不到，而吾心之全体大用无不明矣。此谓物格，此谓知之至也"（《大学章句》）（图5-2），而格物的范围极广，"上而无极太极，下而至于一草一木一昆虫之微，亦各有理。

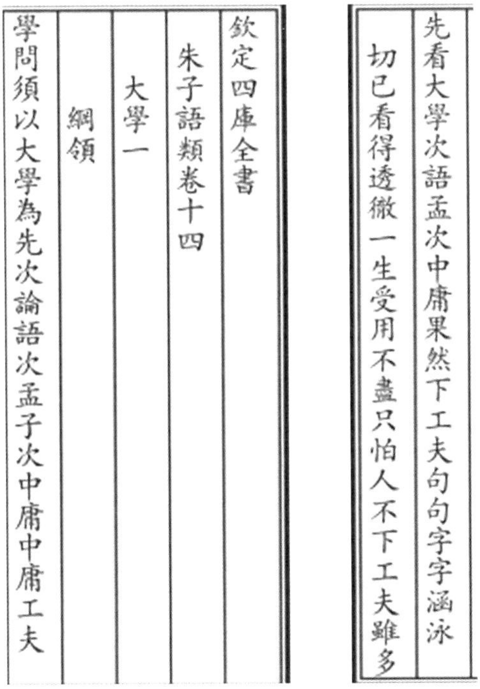

欽定四庫全書

朱子語類卷十四

大學一

綱領

學問須以大學為先次論語次孟子次中庸中庸工夫

先看大學次語孟次中庸果然下工夫句句字字涵泳

切已看得透徹一生受用不盡只怕人不下工夫雖多

图 5－1 《朱子语类》卷十四中的记载

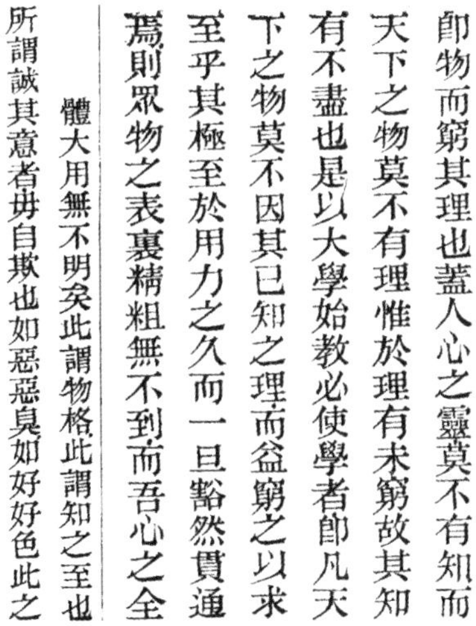

卽物而窮其理也蓋人心之靈莫不有知而

天下之物莫不有理惟於理有未窮故其知

有不盡也是以大學始教必使學者卽凡天

下之物莫不因其已知之理而益窮之以求

至乎其極至於用力之久而一旦豁然貫通

焉則衆物之表裏精粗無不到而吾心之全

體大用無不明矣此謂物格此謂知之至也

所謂誠其意者毋自欺也如惡惡臭如好好色此之

图 5－2 朱子谈“格物致知”

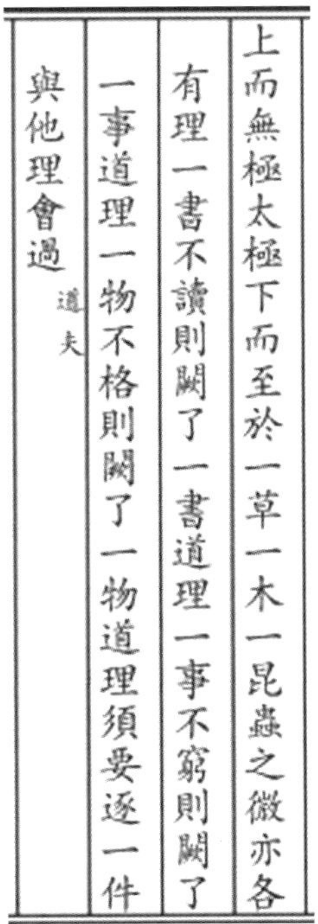

上而無極太極下而至於一草一木一昆蟲之微亦各

有理一書不讀則闕了一書道理一事不窮則闕了

一事道理一物不格則闕了一物道理須要逐一件

與他理會過 道夫

图 5－3 朱子眼中格物的范围

一书不读，则缺了一书道理；一事不穷，则缺了一事道理；一物不格，则缺了一物道理。须要逐一件与他理会过”（朱熹《朱子语类》卷十五）（图 5－3），并且，朱熹认为，“格，尽也，须是穷尽事物之理。若是穷得三两分,便未是格物。须是穷尽得到十分,方是格物”(朱熹《朱子语类》卷十五)(图5-4)。

这种治性养气、格物致知的思想,是儒、道、佛三家思想的交汇点,对社会的各个层面,包括文化、艺术等各个方面都产生了广泛而深刻的影响。文学家、思想家苏轼就曾经说过:“吾侪渐衰,不可复作少年调度,当速用道书方士数言,厚自养炼。”(《答秦太虚书》)苏洵自述其悟道之经历与朱熹所言极为相似,苏洵言:“取《论语》《孟子》《韩子》及其他圣人、贤人之文,而兀然端坐,终日以读之者,七八年矣。方其始也,入其中而惶然博观,于其外而骇然以惊。及其久也,读之益精,而其胸中豁然以明。……时既久,胸中之言日益多,不能自制,试出而书之。已而再三读之,浑浑乎觉其来之易矣”(苏洵《上欧阳内翰书》)(图5-5)。苏洵之言和朱熹之言如出一辙,尽管一言文,一言道,但道亦文,文亦道,其理相通。

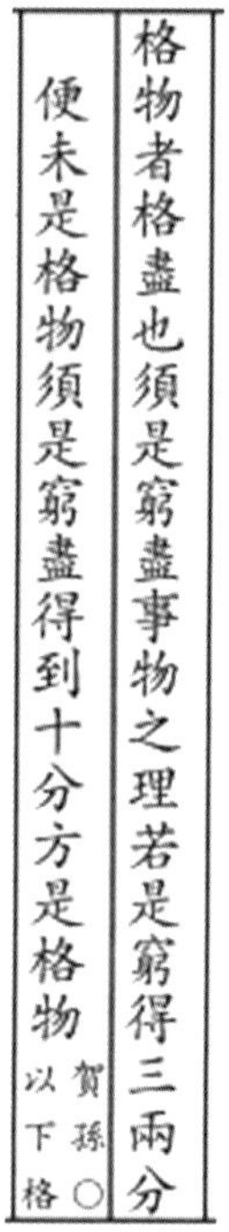
格物者格盡也須是窮盡事物之理若是窮得三兩分
便未是格物須是窮盡得到十分方是格物 賀孫○以下格

图5-4　朱熹所认为“格”的内涵

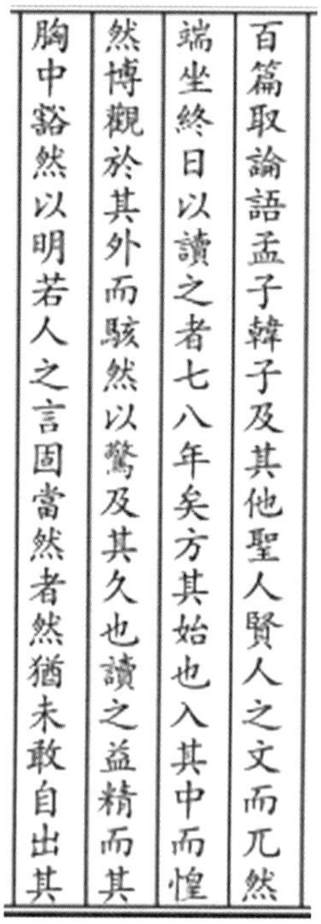
百篇取論語孟子韓子及其他聖人賢人之文而兀然
端坐終日以讀之者七八年矣方其始也入其中而惶
然博觀於其外而駭然以驚及其久也讀之益精而其
胸中豁然以明若人之言固當然者然猶未敢自出其

图5-5　苏洵言

宋代诗论家严羽在《沧浪诗话》中谈“悟”与朱熹谈“格物”,如出一辙。严羽认为:“悟有浅深,有分限,有透彻之悟,有但得一知半解之悟。”(图5-6)这“一知半解之悟”类似于前文所引朱熹所言的“若是穷得三两分,便未是格物”意同而语近。

理学家朱熹在文与道的关系上,主张:“道者,文之根本;文者,道之枝叶。惟其根本乎道,所以发之于文,皆道也。”(《朱子语类》卷一百三十九)

宋代理学的道器观,是理学思想体系的有机组成部分。

朱熹在《答陆子静》中说:“凡有形有象者,皆器也;其所以为是器之理者,则道也。”(图5-7)

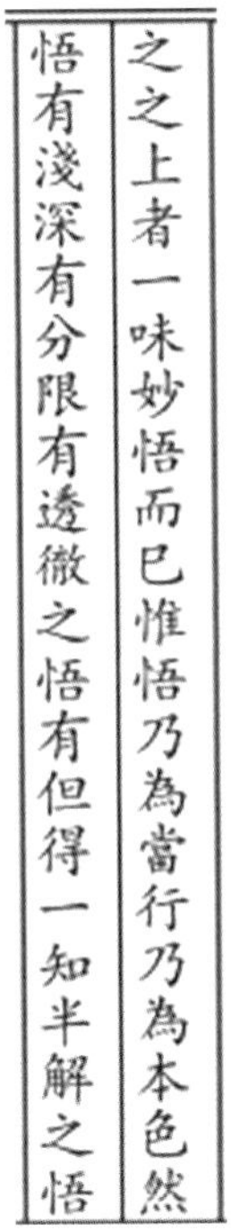
之之上者一味妙悟而已惟悟乃為當行乃為本色然
悟有淺深有分限有透徹之悟有但得一知半解之悟

图 5－6　严羽谈“悟”

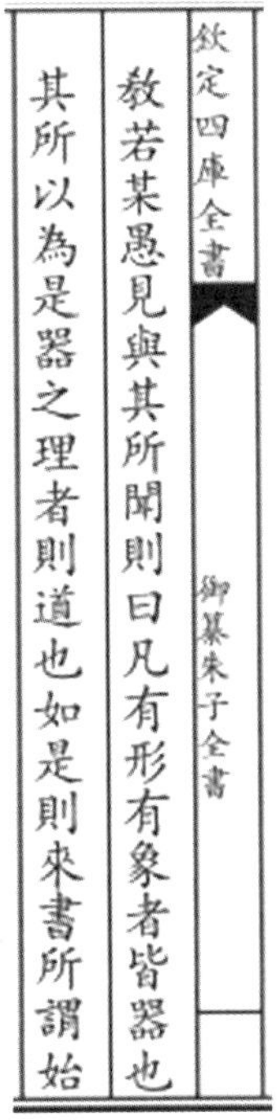
欽定四庫全書　御纂朱子全書
教若某愚見與其所聞則曰凡有形有象者皆器也
其所以為是器之理者則道也如是則來書所謂始

图 5－7　朱熹的道器观

程颢认为，“形而上为道，形而下为器，须著如此说，器亦道，道亦器”（图 5－8）（《河南程氏遗书》卷一）。他还认为“道之外无物，物之外无道，是天地之间，无适而非道也”（《河南程氏遗书》卷四）（图 5－9）。这其实是主张器道合一。

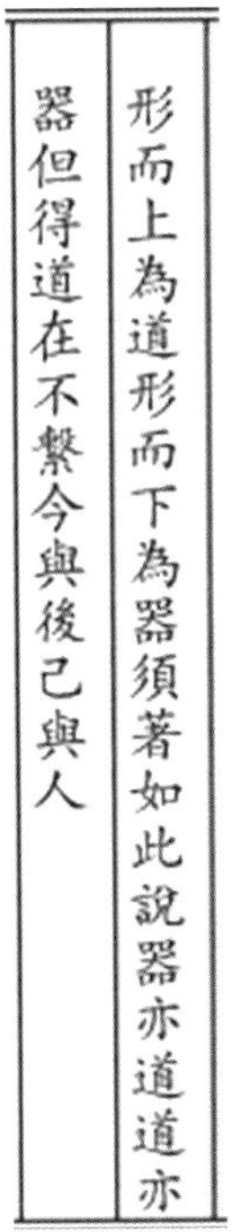
形而上為道形而下為器須著如此說器亦道道亦
器但得道在不繫今與後己與人

图 5－8　程颢的道器观

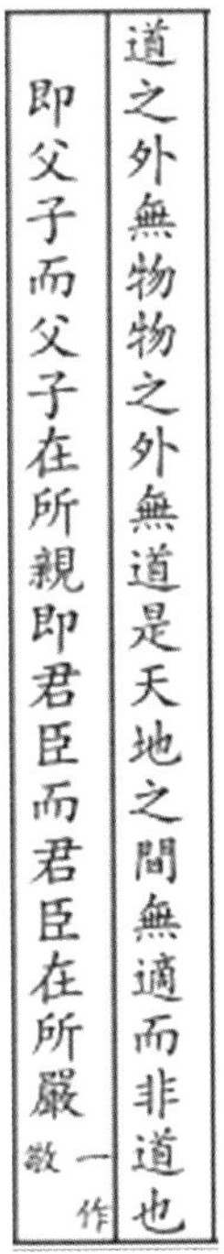
道之外無物物之外無道是天地之間無適而非道也
即父子而父子在所親即君臣而君臣在所嚴一作敬

图 5－9　程颢论“道”

郑樵在《通志》卷四十七《器服略第一·尊彝爵觯之制》中，提出了“制器尚象”说。郑樵认为，古人制物不仅仅是为了适用，而是有“所取象”，“器之大者莫如罍，物之大者莫如山，故象山以制罍，或为大器，而刻云雷之象焉”（图5－10）。

“制器尚象”是《易经》的首创，《易经·系辞》中把“制器尚象”作为“圣人之道”之一。宋代的思想家们，包括理学家，一再论述和探讨这一问题，并提出了种种说法，但多与理学的哲理思辨有关。郑樵在此明确地提出了“制器尚象”的问题，是说明制礼器，不仅仅是为了适用，而是有所寄寓。

《周易·郑康成注》“系辞”曰：“以制器者，尚其象，存于器，象可得，而用一切器物及造立皆是。”（图5－11）

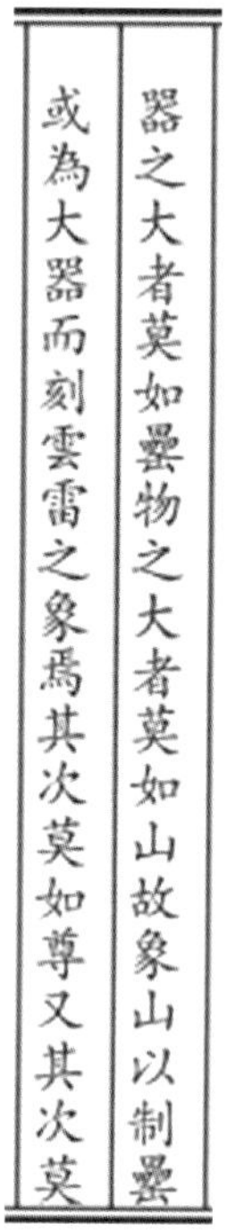
器之大者莫如罍物之大者莫如山故象山以制罍
或為大器而刻雲雷之象焉其次莫如尊又其次莫

图5－10　**“制器尚象”说**

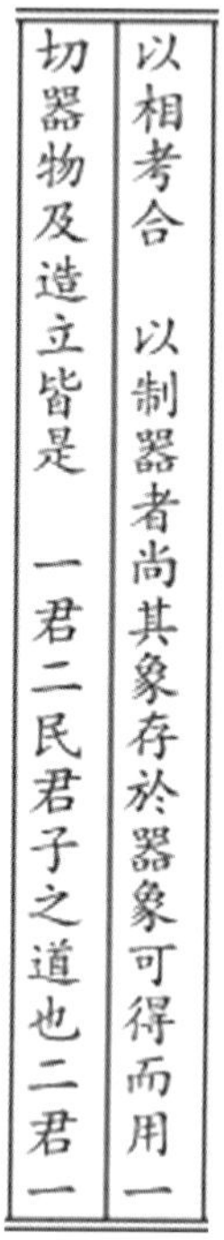
以相考合　以制器者尚其象存於器象可得而用一
切器物及造立皆是　一君二民君子之道也二君一

图5－11　**《周易·郑康成注》“系辞”**

美国学者吉德炜在《从考古器物看中国思维世界的形成》中论述中国采用模范工艺制作礼器与中国古代民族的思维方式时说：“这是很重要的技术成就，因为商代青铜铸造者使用的内、外范，就是从这种程序的观念中发展出来的。可是这也具有社会以及观念上的意义，因为这种制法反映出一种依照模范模制，遵守模范形制，以及标准化即‘工程式的’（engineer）的创造观。往后中国政治社会思想中，效法道德人物会如此重要，实不足奇。”

在宋人的著作中关于金石学的功用有两种说法。一种认为石器本身是圣人用以载道之物，强调其作为象征的功用。如李公麟所言：“圣人制器尚象，载道垂戒，寓不传之妙于器用之间，以遗后人，使宏识之士，即器以求象，即象以求意，心悟目击命物之旨，晓礼乐法。"(《籀史·李伯时考古图五卷》)显然,此种说法认为,古器物有直接的晓以礼教而稳定统治秩序的作用。另一种说法认为,研究金石学可以复原古礼,证经补史。如刘敞自叙《先秦古器记》时所言:"三王之事,万不存一,诗书所记,圣王所立,有可长太息者矣,独器也乎哉?"(《宋文鉴》四库全书本卷七十九)吕大临在《考古图》中说:"予于士大夫之家,所阅多矣……非敢以器为玩也。观其器,诵其言,形容仿佛以追三代之遗风,如见其人矣;以意逆志,或探其制作之原,以补经传之阙亡,正诸儒之谬误,天下后世之君子有意于古者,亦将有考焉。"(图5-12)

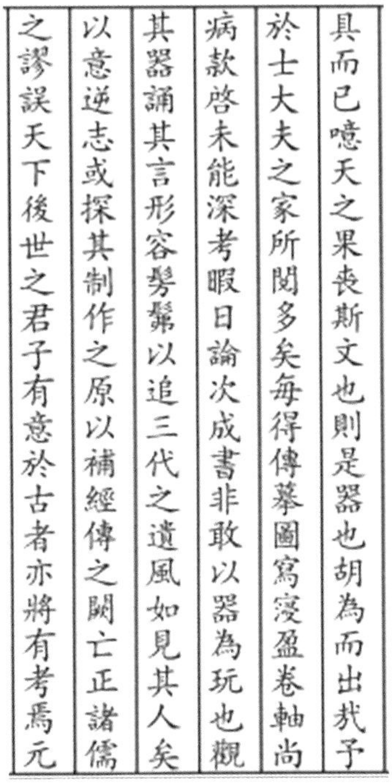

之謬誤天下後世之君子有意於古者亦將有考焉元 / 以意逆志或探其制作之原以補經傳之闕亡正諸儒 / 其器誦其言形容髣髴以追三代之遺風如見其人矣 / 病款啟未能深考暇日論次成書非敢以器為玩也觀 / 於士大夫之家所閱多矣每得傳摹圖寫寖盈卷軸尚 / 具而已噫天之果喪斯文也則是器也胡為而出扰予

於天下乃復無愧於古於乎自孔子至今千數百年文 / 文法度追迹漢唐而文章之士楊劉而已及公之文行

图5-12 《考古图》上的记载　　图5-13 《欧阳文忠公神道碑》

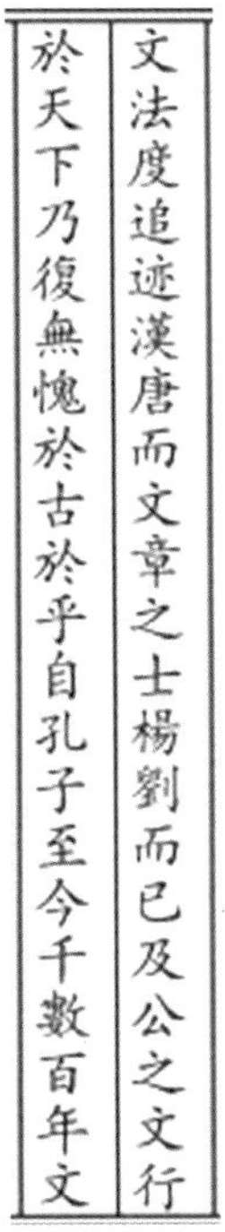

宋代文人,儒、释、道兼收,注重品性修养,多以儒为宗,而又参禅入道,修身养性。苏轼被贬贵州后,参禅入道,以禅趣、禅味入诗。苏门弟子秦观云:"苏氏之道,最深于性命自得之际。其次则器足以任重,识足以致远。至于议论文章乃其与世周旋,至粗者也。"(秦观《淮海集》四部丛刊本卷三〇)晁补之在《鸡肋集》卷三十三中称黄庭坚"治心养气,能为人所不为。故用于读书为文字,致思高远,亦似其为人"。黄庭坚以禅论画:"余未尝识画。然参禅而知无功之功,学道而知至道不烦。于是观图画悉知其巧拙功楛,造微入妙。然此岂可为单见寡闻者道哉。"(《豫章黄先生文集》卷二十七)

徐复观评述这段话时说:"山谷于禅,有深造自得之乐。但他实际是在参禅之过程中,达到了庄学的境界,以庄学而知画,并非真以禅而识画。庄子由去知去欲而呈现出以虚、静、明为体之心,与禅相同;而'无功之功',即庄子无用之用。'至道不烦',即老庄之所谓纯,所谓朴;这也是禅与庄相同的。"[2]

苏澈在《栾城后集》卷二十三《欧阳文忠公神道碑》中如此评价欧阳修:“及公之文行于天下,乃复无愧于古。”(图5-13)“公之于文,天材有余,丰约中度。雍容俯仰,不大声色,而义理自胜。”(图5-14)《诗人玉屑》卷十七载,“或疑六一居士诗,以为未尽妙,以质于子和。子和曰:六一诗只欲平易耳”(图5-15)。

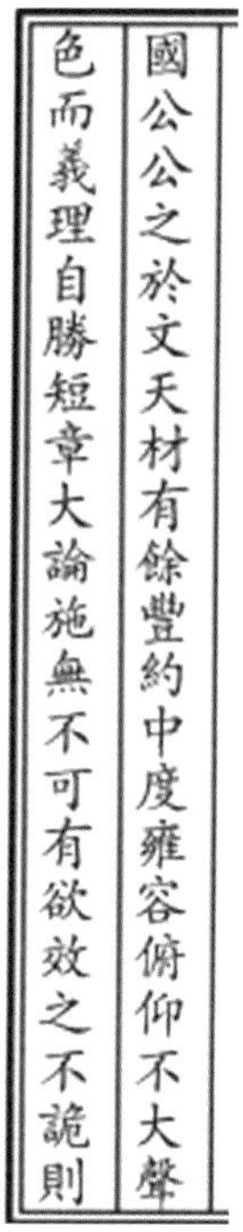
國公公之於文天材有餘豐約中度雍容俯仰不大聲
色而義理自勝短章大論施無不可有欲效之不詭則

图5-14　苏澈对欧阳修的评价

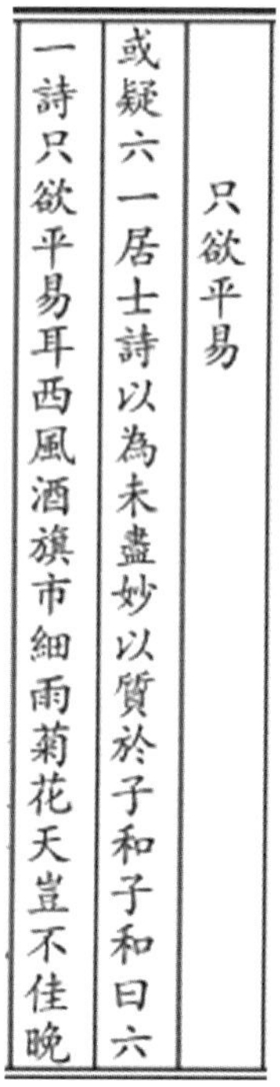
只欲平易
或疑六一居士詩以為未盡妙以質於子和子和曰六
一詩只欲平易耳西風酒旗市細雨菊花天豈不佳晚

图5-15　《诗人玉屑》中的记载

宋代的理学观念和思想,影响了宋代人的行为方式、审美趣味和审美情趣。“北宋时,帝王和士大夫多雅好清玩,有好古鉴赏之风:辨古琴的断纹,识怪石的造型,鉴名砚的纹理,赏石屏的拟景。由于苏东坡、黄山谷等士大夫的倡导,出现了小型嵌有文石的砚屏,还有嵌文石的枕屏。赵希鹄《洞天清禄集·研屏辨》记述了嵌入砚屏的蜀中石的纹理:‘蜀中有石,解开自然有小松形,或三五十株,行列成径,描画所不及。又松止高二寸,正堪作研屏。’又引述洪景卢《夷坚志》记载的献于御府的石屏纹理,‘青质白章,成山林、云月、飞鸟象,历历分明’。具有抽象美的文石屏的产生,反映出宋代文人对物品质地纹理抽象美的鉴赏品评臻于精微,达到了极致。”[3]

宋代的理学对包括宋代陶瓷在内的工艺美术产生了深刻的影响。

理学的器道观和“格物致知”的思想,是理学美学思想的根基。在某种程度上,它从多方面、多角度对包括陶瓷在内的工艺美术器物的形制、装饰纹样、风格产生了深刻的影响。宋代景德镇青白瓷可以让人感受到、意会到那份蕴藉、那份儒雅、那份淡泊、那份质朴的意味,可以令人感觉到那种端庄、那种平实、那种明朗、那种典雅的风韵,显然是深受这种理学思想的影响所致。杭间在论述宋朝理学对宋代工艺美学的影响时说:理学"体现在其美学趣味上,是保守的、理性的,喜好谨严、笃实、温润含蓄的风格,所谓以玉比德,就是理学家的美的标准之一"[4],"从本质上来说理学是反对或轻视审美的,以它在宋代的强大影响,终宋一代,它所提倡的温厚、笃实、含蓄的风格始终成为文艺趣味的最大约束"[5];"温厚、笃实、含蓄所对立的是谲诡、奇峻和张扬,体现在工艺美术上,使得宋代工艺的造型和装饰都显得较为平实;理学对于'器'的地位的安排,虽不至大的阻碍生活日用,但也约束了'奇技淫巧'的产生,因此宋代工艺的一个最大特点,是多实用之器。以上的特点,在陶瓷上体现得犹(尤)为明显"[6]。

田自秉先生对于宋代包括陶瓷在内的工艺美术的风格,有如此论述:"宋代的工艺美术,具有典雅、平易的艺术风格。不论陶瓷、漆器、金工、家具等,都以朴质的造型取胜,很少有繁缛的装饰,使人感到一种清淡的美。"[7]

包括景德镇青白瓷在内的宋代陶瓷的审美趣味和风格,除了前面已论述的平实、含蓄、蕴藉的一面,还有清新、自然、明朗、素雅的一面。"楚国的图案、楚辞,汉赋,六朝骈文,颜延之诗,明清的瓷器,一直存在到今天的刺绣和京剧的舞台服装,这是一种美,'镂金错采、雕缋满眼'的美。汉代的铜器、陶器,王羲之的书法,顾恺之的画,陶潜的诗,宋代的白瓷,这又是一种美,'初发芙蓉,自然可爱'的美。"[8]宋代景德镇青白瓷审美风格的多样性和丰富性,同样受制于宋代整个社会的审美观念和审美风尚。

"将宋瓷置于文化的背景下审视,我们体会出一种意味之美,而且感到这种意味之美要比通常意义上的形式之美广泛、深刻得多。它蕴含在宋瓷中,也表现在宋代文人画和宋词里。这种意味美的构成自然离不开形式因素,只是形式中已经凝聚和渗透着深厚的社会历史内容,如三代之钟鼎,是一种有意味的形式。这样再看宋瓷,它的和谐就不仅仅是一种外在构成上的和谐,而是更体现出内在情韵的和谐;它的平淡、素洁也就绝非只是一种物性,同时渗透了淡泊、虚静的'人性';宋代官瓷的典雅方正,亦象征了儒家文静雅洁、温柔敦厚的君子之风。"[9]

(二)宋代政治、哲学、宗教等思想影响下的景德镇青白瓷的审美风格

宋代景德镇青白瓷,是宋代社会历史的产物,必然受到当时的社会思潮、哲学、宗教等社会意识形态和上层建筑的影响,必然受到主流审美思想和审美观念的影响,形成宋代景德镇青白瓷秀雅、蕴藉、素朴的审美风格。

从胎质来看,宋代景德镇青白瓷胎骨较轻薄、洁白,透光性较强,更具通透感,造型轻巧。

从釉色来看,景德镇青白瓷是在洁白无瑕的胎体上罩以淡淡的青白釉,釉面晶莹通透,犹如磨光后的白玉,闪烁着清亮的淡青色光泽(图5-16)。青白釉在化学组成上属重石灰釉,钙含量很高。在入窑焙烧后,器物积釉处呈水绿色,呈现温润如玉的风姿。这种

温润如玉的美,满足了宋人追求玉质美的心理需要。胎体轻薄的青白瓷,尤其是其中的薄胎制品往往能透过光线而映现纹饰之美的奇妙的艺术效果,给人以奇妙的感受。纹饰在釉色的衬托下,光影互现,令人称绝。

图 5 - 16　宋代景德镇青白瓷

宋代景德镇青白瓷装饰技法有刻花、划花(图 5 - 17)、篦划、印花(图 5 - 18)、堆贴(图 5 - 19)、镂雕等多种技法。刻花多采用一边深、一边浅的所谓"半刀泥"(图 5 - 20)法刻成,其中多辅之以篦划(点)纹,以增加纹样的质感,突出花纹图案;划花是以纤细而尖锐的工具划出纹饰的一种技法;印花装饰均为阳纹,大多印于碗、盘之内或盒盖面。

图 5 - 17　划花

图 5 - 18　印花

图 5-19 堆贴

图 5-20 "半刀泥"法

宋代景德镇青白瓷上常出现的纹饰有婴戏纹、缠枝莲、缠枝菊、缠枝牡丹、莲瓣纹、菊瓣纹、石榴花、芙蓉花、栀子花、萱草、兰草、海浪纹、云龙纹、龙穿缠枝花、凤穿牡丹花、狮、龟、鱼、鹅、鸭等纹饰。纹样中最具特色的是娃娃纹,多刻于碗内壁,也有划于碗外壁的。娃娃有二至四个不等,最难得的是刻划四个娃娃纹样的,这些娃娃均赤身裸体地攀爬于缠枝莲纹内或游戏于水中,天真活泼,童趣、童真洋溢其中,令人真切地感受到一种天真纯朴的美。

莲花纹是宋代景德镇青白瓷常用的纹样。常见的有莲花或莲瓣纹、缠枝莲、折枝莲、盛开的朵莲。不同构成形式的莲纹与相应的器型相结合,呈现一种婀娜多姿之美。

宋代景德镇青白瓷造型以秀丽挺拔为特色。在造型上,它吸收了金银器的特点,而加以创造,使器物形制明显带有仿金银器的某些特征,如瓜棱形的壶身(图 5-21),细长弯曲的壶流,盘口的折沿,碗、盘、碟等口部多用花口或在内壁饰五至六条凸起的出筋纹。轻巧玲珑的造型、清雅秀美的纹样、莹润恬静的釉色相结合,使器物呈现一种优雅的美。

在宋代青白瓷壶中,常见的有仿金银器式样烧制的瓜棱形壶。此类壶的腹部均为瓜棱形,肩一侧设长曲流,另一侧贴附扁带形曲把。其形制多样,口部有的为盘(洗)口,有的为大撇口,呈喇叭状:这两种制式均不带盖。有的为敞口或撇口,束颈,配盖,盖面中间下凹,设一小圆纽。盖边沿卷曲并设一管状小系,对称的壶把亦配有一管状小系。还有的为直口,配一扁圆形的盖。颈部盘口和敞口的壶式又有两种:刻饰弦纹的和光素无纹的。肩部有的丰肩,有的溜肩,还有的折肩。腹部有的圆鼓,有的修长,还有的为八角形长腹。瓜棱形壶底部有平底和圈足两种。壶式中亦有腹部不呈瓜棱形的,底部大多为圈足;除腹部与瓜棱形腹有所区别外,其他形制基本相同。

图 5 - 21　瓜棱形壶　　　　　　　　　　　　图 5 - 22　注碗

　　注子与注碗(图 5 - 22)是温酒用具。从考古资料和实物来看,注子与注碗盛行于五代至北宋晚期,其造型在五代顾闳中的《韩熙载夜宴图》(图 5 - 23)中亦有出现。器型最晚见于宋徽宗政和纪年墓中。景德镇窑生产的青白瓷注子和注碗,在制作上多为仿金银器制品,集雕塑、刻花、贴塑之工艺于一体,制作精巧,形制优美,别具一格。

图 5 - 23　《韩熙载夜宴图》

　　景德镇窑生产的碗形制多样:口部有唇口、敞口、撇口,也有花瓣口、无花瓣口等形式;腹部有浅腹、深腹或斗笠(图 5 - 24)形腹等;碗内壁亦有仿金银器的出筋纹的。形式多种多样,纹饰丰富多彩。

　　杯托(图 5 - 25)这种器型的出现,有一传说。据唐代李匡乂《姿暇集》卷下记载:"茶托子,始建中。蜀相崔宁之女,以茶杯无衬,病其熨指,取碟子承之。既啜而杯倾,及以蜡环碟子之央,其杯遂定。即命匠以漆环代蜡,进于蜀相……后传者更环其底,愈新其制,以至百状焉。"宋代程大昌《演繁露》卷十五"托子"条亦有类似记载。但从考古资料和实物来

图5-24 斗笠碗

图5-25 杯托

看,杯、托于唐以前即已出现,在唐代阎立本的《萧翼赚兰亭图》、五代顾闳中的《韩熙载夜宴图》、宋代赵佶的《文会图》等画卷中可见杯、托或盏、托配套使用的情景。宋代风行以盏托作为宴饮器具,款式不同。

景德镇生产的青白瓷瓶式样繁多,有梅瓶、玉壶春瓶、洗口瓶、双耳瓶、花口瓜棱腹瓶、刻花瓶等。其总的风格是挺拔俏丽、亭亭玉立[10]。

二、宋代景德镇青白瓷的美学风格与文人和书画等审美趣味的趋同性

(一)文人和书画与景德镇青白瓷审美旨趣的趋同性

宋代文人及书画对宋代包括陶瓷在内的工艺美术,也产生了多方面的影响,并且这些艺术之间保持着相近的美学旨趣。这体现在诸多方面,如在美术的功用方面,书画理论和对书画的劝诫教化功能的认识,已发生转变,已经向悦情、悦意的审美转化。

《宣和画谱》"文臣李公麟"条载李公麟:"吾为画,如骚人赋诗,吟咏情性而已,奈何世人不察,徒欲供玩好耶!"(图5-26)

欧阳修为北宋诗文革新领袖,提倡简易、平淡、含蓄的诗文风格,其论画诗《盘车图》和文章《鉴画》,既是他对画意、画境的要求,也是他的美学旨趣。

《盘车图》有言:"古画画意不画形,梅诗咏物无隐情。忘形得意知者寡,不若见诗如见画。"

《文忠集·鉴画》有言:"萧条澹泊,此难画之意,画者得之,览者未必识也。故飞走迟速,意浅之物易见;而闲和严静,趣远之心难形。"(图5-27)

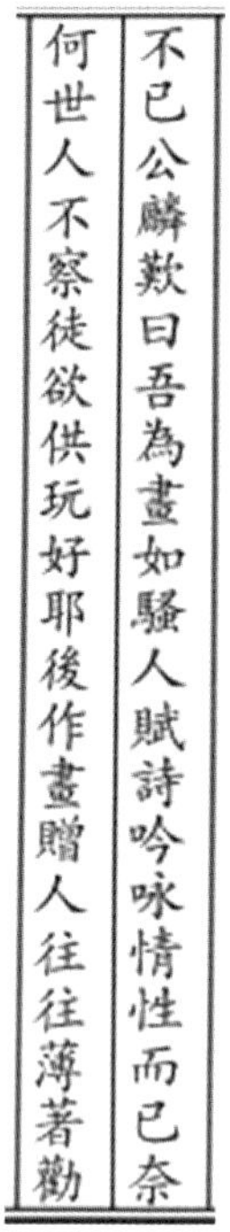

不已公麟歎曰吾為畫如騷人賦詩吟詠情性而已奈何世人不察徒欲供玩好耶後作畫贈人往往薄著勸

蕭條澹泊此難畫之意畫者得之覽者未必識也故飛走遲速意淺之物易見而閒和嚴靜趣遠之心難形若　宋歐陽修論鑒畫

图 5 - 26　《宣和画谱》"文臣李公麟"条　　图 5 - 27　《文忠集·鉴画》中的记载

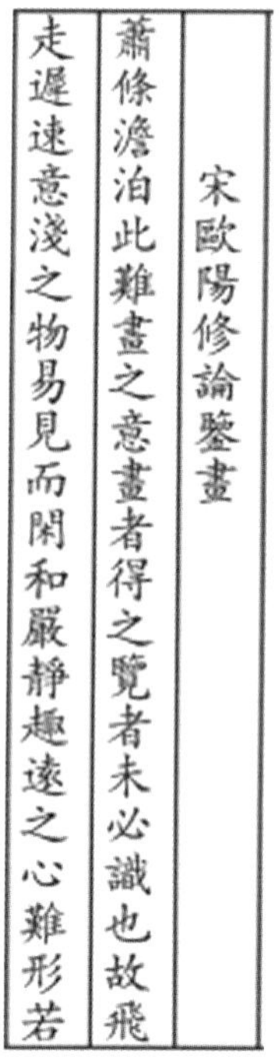

欧阳修论画的"萧条澹泊""闲和严静""趣远之心"之句,既是论画之语和对绘画境界的提倡,也是欧阳修为文的夫子自道。他标榜、追求和所要达到的,实际上就是这个标准,就是这个境界。而他所提倡的这个境界,实际上是整个宋代艺术所呈现的风格。宋瓷,包括宋代景德镇青白瓷的"玉境",其表现形式就是这种"淡泊""平易""画意不画形"的质朴以及"闲和严静,趣远之心"。

宋代的文学艺术追求平淡之美。"西昆体"流行时,苏舜钦和梅尧臣就竭力提倡平淡的文风,"不肯低心事镌凿,直欲淡泊趋杳冥"(《苏学士文集》卷二《赠释秘演》),"会将趋古淡,先可去浮器"(《苏学士文集》卷八《诗僧则晖求诗》),"作诗无古今,唯造平淡难"(梅尧臣《宛陵先生集》卷六十四《读邵不疑学士诗卷杜挺之忽来因出示之且伏高致辄书一时之语以奉呈》)。苏轼亦言:"大凡为文,当使气象峥嵘,五色绚烂,渐老渐熟,乃造平淡。"(《东坡诗话录》)

苏轼在《书黄子思诗集后》说道:"予尝论书,以谓钟、王之迹,萧散简远,妙在笔画之外……至于诗亦然……独韦应物、柳宗元发纤秾于简古,寄至味于澹泊,非余子所及也。"(图 5 - 28)在人与物的关系问题上,欧阳修、苏轼和郑樵的观点颇有代表性,集中代表了宋代文人的思想。

欧阳修在《古瓦砚》一诗中提出了"于物用有宜"的思想,诗曰:"砖瓦贱微物,得厕笔墨间,于物用有宜,不计丑与妍。金非不为宝,玉岂不为坚,用之以发墨,不及瓦砾顽。乃知物虽贱,当用价难攀。岂惟瓦砾尔,用人从古难。"(图 5 - 29)

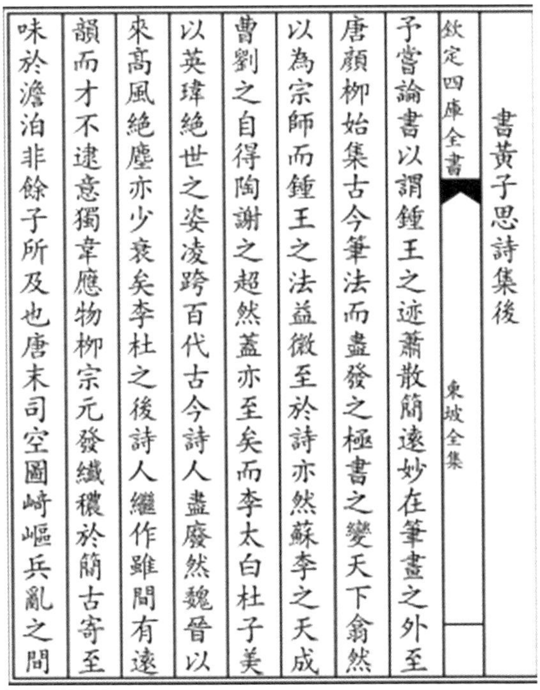
書黃子思詩集後
欽定四庫全書　東坡全集
予嘗論書以謂鍾王之迹蕭散簡遠妙在筆畫之外至
唐顔柳始集古今筆法而盡發之極書之變天下翕然
以為宗師而鍾王之法益微至於詩亦然蘇李之天成
曹劉之自得陶謝之超然蓋亦至矣而李太白杜子美
以英瑋絶世之姿凌跨百代古今詩人盡廢然魏晉以
來高風絶塵亦少衰矣李杜之後詩人繼作雖間有遠
韻而才不逮意獨韋應物柳宗元發纖穠於簡古寄至
味於澹泊非餘子所及也唐末司空圖崎嶇兵亂之間

图 5－28　《书黄子思诗集后》

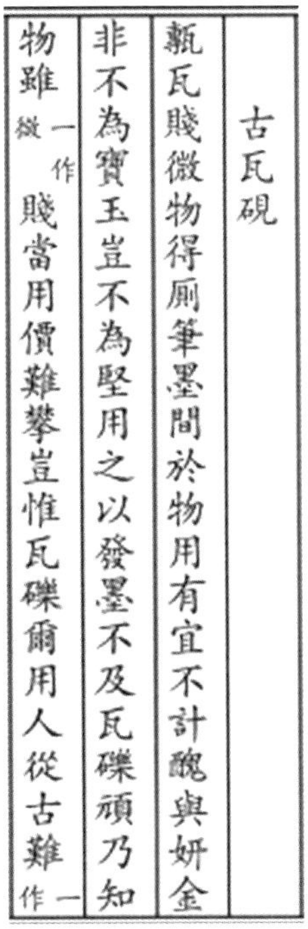
古瓦硯
甎瓦賤微物得廁筆墨間於物用有宜不計醜與妍金
非不為寶玉豈不為堅用之以發墨不及瓦礫頑乃知
物雖一作微賤當用價難攀豈惟瓦礫爾用人從古難一作

图 5－29　《古瓦砚》

但是，苏轼又提出不要“留意于物”，不要沉湎于物，不要拘泥于物，而要“寓意于物”，对物始终持一种审美的态度，不要有“物累”，要游于物之外，不要“游于物之内”，即持道家的“物物而不物于物”的态度。苏轼言：“君子可以寓意于物，而不可以留意于物。寓意于物，虽微物足以为乐，虽尤物不足以为病。留意于物，虽微物足以为病，虽尤物不足以为乐。”（《东坡全集》卷三十六《宝绘堂记》）

欧阳修的“于物用有宜”说、苏轼的“寓意于物”而不“留意于物”说，构成了宋代文人的一个明晰的思路。

“这种对于物的正确认识，深刻地影响了宋代工艺美术领域的造物活动。”[11]“宋代是历史上给知识分子有较为充分机会从事政治、经济、文化活动的时代，文官体制的形成，使文人阶层的意识以前所未有的深度和广度影响到平民等各个阶层，因此抛开那些文学、绘画等纯知识阶层所从事的艺术门类，即便如工艺等的技术性很强，纯由匠人运作的门类，也能较好地体现同时代以文人为主流的审美思潮，并与绘画结合，与艺术潮流保持同步，可以说在整个中国古代工艺美学思想史中，宋代的工艺美学思想是与同时代的哲学、美学思想步伐最一致的。”[12]

张敦礼“论画功用”时言：“画之为意虽小，至于使人鉴善劝恶，耸人观听，为补岂可侪于众工哉？”（汤垕《古今画鉴》）

《宣和画谱·叙》中称：“是则画之作也，善足以观时，恶足以戒其后，岂徒为是五色之章，以取玩于世也哉！今天子廊庙无事，承累圣之基绪，重熙浃洽，玉关沈柝，边燧不烟，故得玩心图书，庶几见善以戒恶，见恶以思贤，以至多识虫鱼草木之名，与夫传记之所不能书，形容之所不能及者，因得以周览焉。”

郭若虚在《图画见闻志》中，却有明确的观点：“愚谓不然，凡士君子相与观阅书画为适，则必处闲静，但鉴赏精能，瞻崇遗像，恶有亵慢之心哉。”（图 5－30）

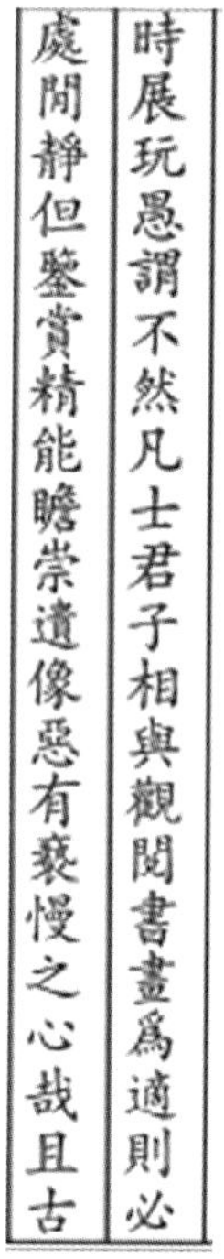
時展玩愚謂不然凡士君子相與觀閱書畫爲適則必
處閒靜但鑒賞精能瞻崇遺像惡有褻慢之心哉且古

图 5－30 《图画见闻志》

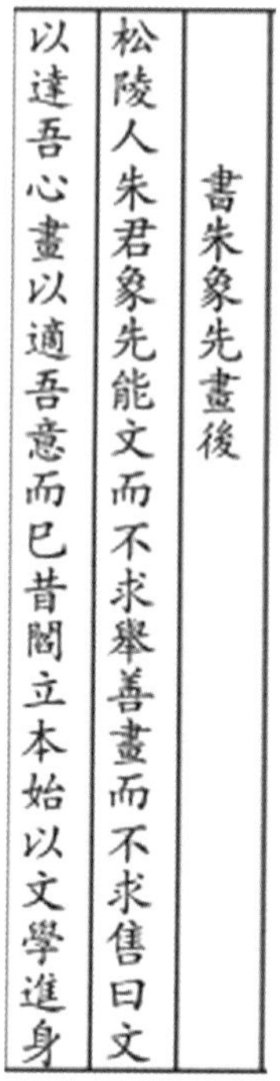
書朱象先畫後
松陵人朱君象先能文而不求舉善畫而不求售曰文
以達吾心畫以適吾意而已昔閻立本始以文學進身

图 5－31 《书朱象先画后》

“宋代更是大批世俗地主和官僚地主在政治上经济上抬头和获得发展的时期……文人士大夫的文艺及美学日益成为统治的主流。它的主要特征是追求一种平淡天然的美。……从北宋前期欧阳修等人开始，以平淡天然为诗歌美的极致，在绘画上追求‘萧条淡泊之意，闲和严静之心’的表现，把‘拙规矩于方圆，鄙精研于彩绘’的‘逸格’推为艺术最高风格等等，无不表现了上述宋代美学的基本特色。和唐代推崇气格刚健之美比较起来，它失去了以前那种宏大的气魄和力量，常常不是与‘激扬正道’相关联，而是与‘适我性情’相联系。”[13]

苏轼在《书朱象先画后》提出了“文以达吾心，画以适吾意”（图 5－31）的观点，成为宋代书画“娱情适意”审美功能的理论旗帜。欧阳修在《学书为乐》《学书消日》《学书静中至乐说》等一系列文章中，阐述了学书之乐和境界：“苏子美尝言，明窗净几，笔砚纸墨，皆极精良，亦自是人生一乐事。能得此乐者甚稀，其不为外物移其好者，又特稀也。余晚知此趣，恨字体不工，不能到古人佳处，若以为乐，则自是有余。”（欧阳修《学书为乐》）（图 5－32）欧阳修在《题薛公期画》中对画的风格，提出了“笔简而意足”的主张；沈括在《梦溪笔谈 · 书画》中提出了“书画之妙，当以神会，难可以形器求也……此乃得心应手，意到便成，故其理入神，迥得天意，此难可与俗人论也”的观点（图 5－33）。苏轼的主张和观点，最具代表性。苏轼在《书鄢陵王主簿所画折枝二首》之一云，"诗画本一律，天工与清新……疏淡含精匀"（图5-34），在《超然台记》中提出"凡物皆有可观，苟有可观，皆有可乐，非必怪奇伟丽者也……彼游于物之内，而不游于物之外"（图5-35）的超然审美态度。

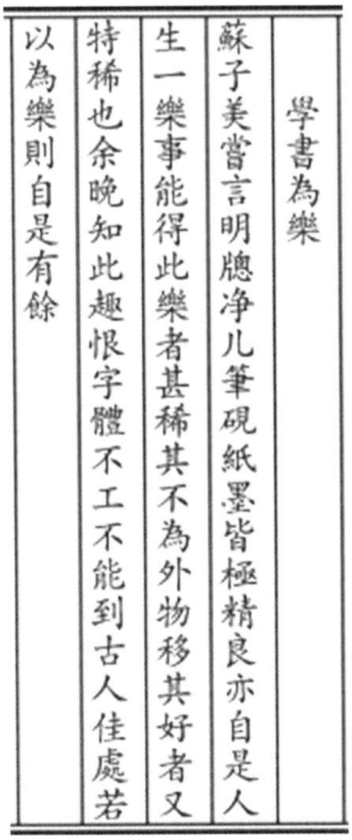

学書為樂

蘇子美嘗言明牕淨几筆硯紙墨皆極精良亦自是人生一樂事能得此樂者甚稀其不為外物移其好者又特稀也余晚知此趣恨字體不工不能到古人佳處若以為樂則自是有餘

图5-32　《学书为乐》

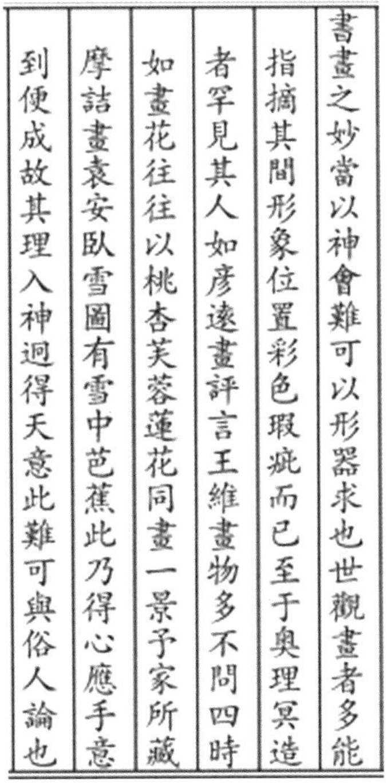

書畫之妙當以神會難可以形器求也世觀畫者多能指摘其間形象位置彩色瑕疵而已至于奧理冥造者罕見其人如彥遠畫評言王維畫物多不問四時如畫花往往以桃杏芙蓉蓮花同畫一景予家所藏摩詰畫袁安臥雪圖有雪中芭蕉此乃得心應手意到便成故其理入神迥得天意此難可與俗人論也

图5-33　《梦溪笔谈》

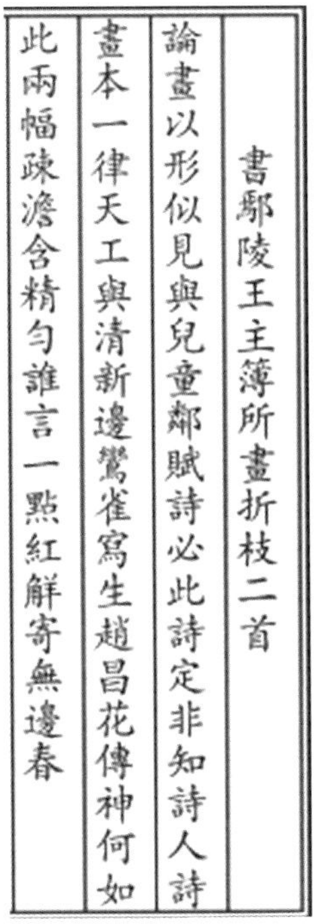

書鄢陵王主簿所畫折枝二首

論畫以形似見與兒童鄰賦詩必此詩定非知詩人詩畫本一律天工與清新邊鸞雀寫生趙昌花傳神何如此兩幅疎澹含精匀誰言一點紅解寄無邊春

图5-34　《书鄢陵王主簿所画折枝二首》

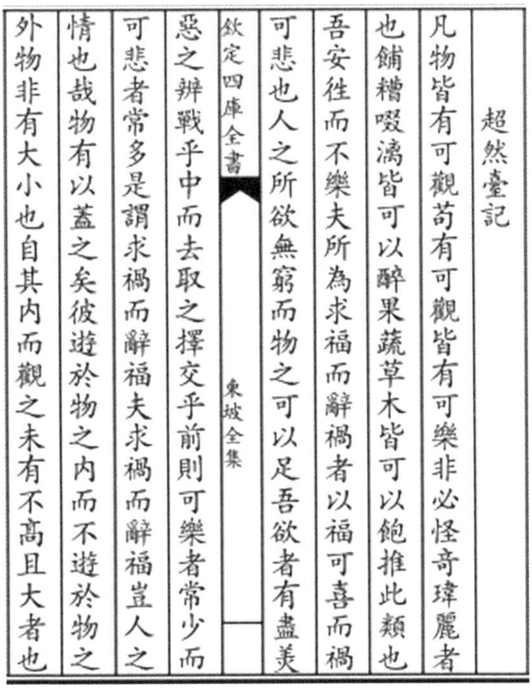

超然臺記

凡物皆有可觀苟有可觀皆有可樂非必怪瑋麗者也餔糟啜醨皆可以醉果蔬草木皆可以飽推此類也吾安往而不樂夫所為求福而辭禍者以福可喜而禍可悲也人之所欲無窮而物之可以足吾欲者有盡美惡之辨戰乎中而去取之擇交乎前則可樂者常少而可悲者常多是謂求禍而辭福夫求禍而辭福豈人之情也哉物有以蓋之矣彼游於物之內而不遊於物之外物非有大小也自其內而觀之未有不高且大者也

欽定四庫全書　東坡全集

图5-35　《超然台记》

宋代的文人们为宋代瓷器的这种美所迷醉，在诗作中形象地表达了瓷器是他们的娱情、悦情的审美之物，而不仅仅是实用的茶具、酒具、枕具等（图 5－36）。

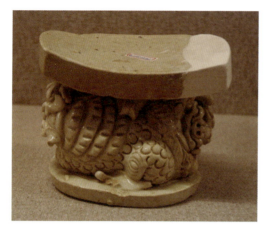

图 5－36　宋代瓷器

和梅公儀嘗茶
溪山擊鼓助雷驚逗曉靈芽發翠莖摘處兩旗香可愛
貢來雙鳳品尤精寒侵病骨惟思睡花落春愁未解醒
喜共紫甌吟且酌羨君蕭洒有餘清

图 5－37　《和梅公仪尝茶》

欧阳修《和梅公仪尝茶》云：“寒侵病骨惟思睡，花落春愁未解醒。喜共紫瓯吟且酌，羡君萧洒有余清。”（图 5－37）

苏轼《煎茶诗》云：“活水还将活水烹，自临钓石汲深清。大瓢酌月归春瓮，小勺分江入夜瓶。雪乳已翻煎处脚，松风仍作泻时声。枯肠未易禁三碗，卧听山城长短更。”（图 5－38）

詩活水還將活水烹自臨釣石汲深清大瓢酌月歸
春甕小杓分江入夜瓶雪乳已翻煎處脚松風仍作
瀉時聲枯腸未易禁三椀卧聽山城長短更出東坡
汲

图 5－38　《煎茶诗》

夫所以謂之觀物者非以目觀之也非觀之以目而觀
之以心也非觀之以心而觀之以理也天下之物莫不
欽定四庫全書　皇極經世書解
有理焉莫不有性焉莫不有命焉所以謂之理者窮之
而後可知也所以謂之性者盡之而後可知也所以謂

图 5－39　《皇极经世书解·观物篇内篇十二》

书画家和书画理论家的美学观点和思想，与理学家相比，显然不同。理学家邵雍在《皇极经世书解·观物篇内篇十二》中提出了理学家观物的态度与方法及所要达到的境界："夫所以谓之观物者，非以目观之也，非观之以目而观之以心也，非观之以心而观之以理也。"(图5-39)"夫鉴之所以能为明者，谓其能不隐万物之形也。虽然，鉴之能不隐万物之形，未若水之能一万物之形也。虽然，水之能一万物之形，又未若圣人之能一万物之情也。圣人之所以能一万物之情者，谓其圣人之能反观也，所以谓之反观者，不以我观物也，不以我观物者，以物观物之谓也，既能以物观物，又安有我于其间哉？"《二程遗书》卷二十五亦谓："致知在格物，非由外铄我也，我固有之也。因物有迁，迷而不知，则天理灭矣，故圣人欲格之。"(图5-40)

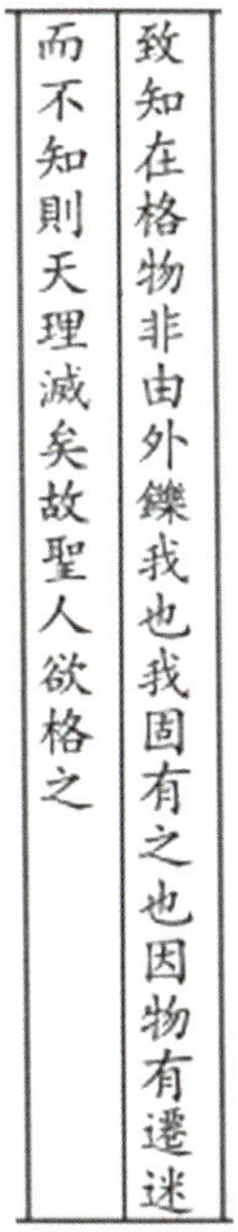
致知在格物非由外鑠我也我固有之也因物有遷迷
而不知則天理滅矣故聖人欲格之

图5-40　《二程遗书》卷二十五

宋代陶瓷，包括宋代景德镇青白瓷，与宋代"大艺术"(或"纯艺术")——书画艺术及其美学理论，在审美旨趣方面，保持着历史的同步性，是宋代美学思想、美学理论宝库中不可或缺的组成部分。

(二)宋代景德镇青白瓷的艺术意蕴

唐、五代以来，瓷器的功用与人的关系和此前相比，都发生了不少的变化。它在不断地适应和满足变化的时代和社会生活以及与此相适应的生活方式的要求。它既是精神的、审美的、物质的器物表现，同时也追随着精神的审美观念与审美情趣的变化轨迹。

田自秉先生评论唐、宋工艺美术之不同时说："和唐代相比，正好形成两种不同的特色。如果把唐代的工艺美术风格概括为'情'，宋代则可概括为'理'。唐代华丽，宋代幽雅。唐代开廓恢宏，宋代严谨含蓄，宋代是'一洗绮罗香泽之态，摆脱绸缪宛转之度'，从美学的角度看，它的艺术格调是高雅的。"[14]

宋代瓷器和唐、五代相比，呈现出不同的器物风格。这不同的风格，首先体现在造型方面。

"在制瓷艺术领域，宋人对造型的审美追求不再是唐器雍容、博大、丰满、圆浑的印象，而是和同时代的其他艺术风格一致，倾向于挺拔、俏丽，而且逐渐成为一种特有的美的程式。在样式繁多的宋瓷造型中，形象端庄舒展、体态修长丰实的梅瓶，既不像六朝青瓷之瘦削，也不似唐代陶瓷之丰腴，其周身比例适度，最能体现时代的特色。"[15]

宋代青白瓷《双人牵马俑》(图5-41)，其整体造型完全没有按照人和马的正常比例关系进行塑造，人和马的刻划与耳目的塑造十分简练。所塑造的不是动作的静止状态，也不是自然物象的如实摹写,而是打破了所造形象的生理限制和自然规范的束缚,进入了造型的艺术境界。宋代常见的《持荷孩俑》(图5-42),高不过三寸,形似扭动的团块撑出一枝荷盖。它并未按人体比例与位置构造出一个写实的孩童持荷形象,而是为了求得整体,采用意到即止的艺术处理手法,使雕刻造型神韵无穷。古代瓷工虽然摆脱了自然物象比例的束缚,但并未彻底抛弃自然物象而走向极端,而是以适当的超越的态度追寻着所塑造形象的动态韵味。注重表情的刻划意味,也是宋代瓷工所追求的。现藏景德镇陶瓷馆的《十二生肖立俑》(图5-43)和现藏于江西省博物馆的《双人牵马俑》,同样是塑人物和动物,但表情殊异,各显其质。生肖俑以直立的造型显示出木讷而又庄重的姿态,以嘴角的动态传达出极其安详的神情,那纯真意味淡淡显出。牵马俑则姿态灵动、昂扬,呈扬鞭策马之势,其抿嘴翘首之状、豪迈之气直逼眼前,特别是那浓重的八字胡须,意味无穷地烘托出北方人的性格特征。此外,金刚怒目、菩萨低眉的禅宗瓷塑也别有一番韵味。情感的注入与雕塑味的把握,构筑了宋青白瓷雕刻的总体精神。宋代艺术崇尚的文人气,合乎青白玉质的材质美感。宋青白瓷雕刻在这种清幽、瑰丽的氛围中,充分显现了鲜活、抒情的精神气质。

图5-41 《双人牵马俑》   图5-42 《持荷孩俑》

图5-43 《十二生肖立俑》

正因为宋代景德镇青白瓷审美意蕴、风格等受制于时代的社会历史条件、政治、哲学、宗教等社会意识形态,宋代景德镇青白瓷在审美追求与美学旨趣等方面与文人及书画艺术表现出历史的同步性和趋同性。

宋代景德镇青白瓷在审美风格方面,十分突出地表现出一种独特的雅韵、雅趣、雅意的审美风姿。这种"雅",以"尚玉"为意蕴,以秀挺俏丽的造型、"笔简而意足"的装饰技巧和风雅的纹样来表现一种清新优雅的装饰美,以"尚青"来表现"颜色比琼玖"的雅致的色彩美,以适应皇室和文人士大夫悦意、悦情的精致生活需要来表现典雅的功能美,同时为更多地为满足商贸、大众的日常生活需要而表现出"俗"化意味,最终表现出"雅"和"俗"的审美两极,凝聚了宋人的时代精神、审美观念与审美情趣。

三、宋代景德镇青白瓷的"尚玉"审美意蕴

(一)儒家的"尚玉"观

中国"尚玉"思想经历了不同的历史发展过程,不同的历史过程有着不同的"玉德"思想,其内涵随着儒家思想的演变、发展而呈现不同的特点。汉儒所编的《礼记》根据玉的色泽、质地、透明度以及敲击时发出的声音等物理性能而加以道德化,玉有"十一德"[16]之说,即赋予玉器以儒家的仁、知、义、礼、乐、忠、信、天、地、德、道等"十一"德。

《管子·水地》篇把玉之德归纳为"九德"[17]。此"九德"说和前引"十一德"说相比,有所删减。"九德"也是根据玉的物理特性而加以比附的,与"十一德"相比,省去了一些抽象的形而上之"德"。

《荀子·法行》篇记载了孔子所说的"君子贵玉"的原因:玉有"七德"[18]。此说明显来自管子的"九德"说,而对"十一德"加以精减、概括。

由《礼记》的"十一德",到《管子》的"九德",再到《荀子》的"七德",可以看出,从先秦到战国时期,所谓的玉德有所变化——逐步精练化,也逐渐看重自身的质地和物理性能。但有一条是根本,即玉的载道功能,具体地说,是载儒家之道的功能,没有动摇。

到了汉代,此时的"玉德"说更加精练,标志着儒家"玉德"思想的成熟。

在两汉时期,分别有不同的、但相互联系的"玉德"说,即西汉刘向的"玉有六美"说和东汉许慎的玉的"五德"说。

西汉刘向在《说苑·杂言》篇中言:"玉有六美。"[19]这"六美"说,实际上是玉之"六德"说,基本概括了《荀子·法行》篇中"七德"的基本内容,只不过将"辞"德、"义"德和"勇"德合并,减去"辞"德,而将"辞"德的内容并入"义"德,将"义"德的内容整合到"勇"德当中。

东汉人许慎在《说文解字·玉部》中,提出了玉之"五德"[20]说。

许慎的"五德"说是对此前的玉德思想的继承和扬弃,突出和规范了"玉德"的基本内

容,规定了中国"玉德"思想的基本范畴,并且提出了玉乃"石之美者",这更是对此前的"玉德"思想的发展,不仅肯定了玉有"玉德",而且肯定并指出玉是"美"的,从而肯定了玉的物理属性——感性之美,肯定了玉的内涵美和外观美的统一。它的意义远不止于此。我觉得,很重要的一点是,许慎的玉之"五德"说及玉的"石之美者"说,说明玉既是载儒家之道、儒家之仁德思想之器,也是美器,是审美之物,可以让人赏心悦目。这就是说从神圣走向世俗的开始,为瓷器代玉而使瓷器具有"尚玉"的意蕴准备了理论前提,或者说是理论基础。

东汉发明的青瓷有青玉之象,越窑青瓷就被陆羽称为"越瓷类玉"(陆羽《茶经》),宋代景德镇青白瓷"颜色比琼玖",宋代词人李清照把宋代所产青白瓷枕称为"玉枕"(李清照《醉花阴》)。蒋祈称宋代景德镇所产青白瓷为"饶玉"(蒋祈《陶记》)。以玉比瓷和瓷之"尚玉"思想,便源于"玉德"思想。"从其质地来看,玉石的自然特征给人以美感,这便是其材料美作用于人的感官和思维所反映的美学意识。人们常说玉石有着温润晶莹的美感,也就是儒家所谓的玉'温润而泽',能充分体现儒学之'仁'。"[21]

宋代瓷业全面发展和繁荣。从陶瓷在社会生活中的作用来看,到宋代,陶瓷已全面进入人们的生活,并且适应了人们生活方式的转变,从而出现了与人们的生活方式、时代的审美情趣相适应的瓷之种类、造型、装饰及审美风格。

(二)青白瓷的兴起源于玉器的减少

根据杨伯达先生(《中国古代玉器面面观》)和台湾的詹德隆先生(《汉魏至唐宋时期的玉礼器初探》)的考察,玉作为礼器,在社会尤其是在上层社会,有着广泛的对应关系,但是趋势是作为礼器和作为随葬品的玉器逐渐减少。这种减少,是和瓷器等替代物的出现和玉器材料的减少有关联的。

冯乃恩先生认为,玉器逐渐减少的原因在于"魏晋南北朝的墓葬,包括唐代的一些墓葬中,主要出土的是滑石器,玉器在出土物的数量上只占较小的比例,这与这个时期瓷器和金银器的高度发展、普及,人们的主要兴趣转移到瓷器和金银器上,从而导致玉器的生产衰减,是密切吻合的。与这种现象相适应的是,玉器已经完全消失了作为礼器所具有的所有功能,而彻底地转化为纯粹的工艺品,风格和造型都表现出强烈的世俗化特点"[22]。

玉石材料来源逐渐减少,这在史书中有所记载。如《晋书》载,"后汉以来,天子之冕,前后旒用真白玉珠。魏明帝好妇人之饰,改以珊瑚珠。晋初仍旧不改。及过江,服章多阙,而冕饰以翡翠珊瑚杂珠。侍中顾和奏:'旧礼,冕十二旒,用白玉珠。今美玉难得,不能备,可用白璇珠。'从之"。

用次玉替代上玉,或以其他材质的器物作为替代品用作礼器,在史书中不乏记载,这种事例在唐、宋、金较多,往往采取"如或以玉难办,宁小其制度,以取其真","量玉大小,不必皆从古制"等权宜措施[23]。

相反,瓷器,尤其是唐、宋以来包括宋代景德镇青白瓷在内的瓷器的瓷质和各个时期包括宋代的景德镇青白瓷的质地、釉色、造型及整体意蕴,都以追求"如玉"为最高境界。

(三)"尚玉"是宋代景德镇青白瓷追求的审美境界

宗白华先生说,"中国向来把'玉'作为美的理想。玉的美,即'绚烂之极归于平淡'的美。可以说,一切艺术的美,以至于人格的美,都趋向玉的美:内部有光彩,但是含蓄的光彩,这种光彩是极绚烂,又极平淡(的)"[24]。

包括青白瓷在内的宋瓷,有如玉的意蕴,亦为国外艺术史论家所关注。格鲁塞还给以形象的阐述与分析:

"被不正确地称为'小'物的一种艺术——在中国这艺术也注定要吸收其它(他)种种而熔(融)合为一——其声誉的兴起在宋代已经开始。而在这范围内,如上文所指出,宋代标志着中国美学理想中的巨大历史性转变。……早在古代,所谓'有内在美的石头'——玉,即被中国人用于宗教仪式中,作为典型的高贵物体。抚弄一下任何大收藏品,如盖斯勒藏品中的玉器,即能较一切理论更好地说明这块玉是如何经(精)心审慎地选择来为某一特殊目的(服务)……并说明以何等可爱的耐心将这种优美的、几乎活着似的矿物同其它(他)较低级的体(物)质分开,琢磨精制成似一个美丽的身体备人抚爱。……抚摸它们时,使人立刻感觉仿佛被授予某种尊严,孕育着力量与高贵……

"物体的此种精神化也普遍存在于宋代陶瓷。的确,精美的宋瓷也受到同样的美学优先观念所支配,如古代玉器一般……微妙淳朴。许多单色的瓷器常无任何装饰,唯一的价值也象(像)玉器一样,只在于其型(形)制、颜色和柔润的触觉。……在这些瓷器中,和古代的玉器相同,大多数物体本身即具有艺术价值,都是纯洁、高贵而柔润。同时也和玉器一样,这些物体对视觉和触觉都使人爱不忍释,这种印象并由于那线条的幽雅而更加深了。……宋瓷曾以型(形)制、装璜(潢)和颜色的典雅静穆为特色。"[25]

宋代景德镇青白瓷包括那种直接仿制玉的形制的器物都是通过造型、纹饰、质地、釉色等整体追求一种玉的风韵、玉的意境和玉的气度,整体表现如玉的"素肌玉骨之象"(宋应星语),而且仿制了不少玉形的青白瓷制品。

景德镇湖田窑遗址出土的宋代青白瓷仿玉制品如下:

1978年,研究人员在调查景德镇湖田窑遗址时,偶然发现了颇为罕见的玉璧形瓷质佩饰一件。它的形制极力仿效玉璧,利用宋代典型的青白釉,造成堆脂般的玉质效果,并且在青白釉之间使用褐色釉相隔,形成古玉特有的瑕疵质感,变瑕疵为典雅的装饰美,其形制、釉色耐人寻味。更令人惊叹的是,纹饰中出现了以戏剧人物故事为题材的构图,神形自成天趣,使人观之,顿觉心旷神怡,意趣万千。

1982年,在宋代遗址堆积中,又清理出瓷质仿玉璧、仿玉环、仿玉珠等组合佩饰数枚。经过整理分类,以人物故事为纹饰主题的题材甚多。遗憾的是,部分残缺不全,无法窥见人物故事纹饰的全貌,只能粗粗领略其中的只鳞片羽。出土标本虽然所获不多,但足以弥补过去对"饶玉"的认识,为"饶玉"在器型上的存在提供佐证。

出土了瓷质仿玉璧形制的佩饰,圆径2.4厘米至3.9厘米不等,均以模具单面印坯成型。中心有玉璧形孔,围绕璧孔和璧缘分别饰凸纹两圈,饰面左右平行的两边分别镂有两个串线小孔及系带小方槽。饰面以人物故事为主题,配以场景,再以排列有序的隆起珍珠状(玉璧特有的)谷点纹作地,施以景德镇独有的青白釉,质地肥腴,润如凝脂,似如碧玉,再以褐釉相间,与古玉的瑕疵质感无二。

这些佩饰,以青白釉作底釉,配以褐彩作釉面装饰色彩。它们充分利用石灰钙质釉在炉内仰面焙烧时易垂流晕散,烧成后,褐釉在饰面浮雕高处呈浅黄色,底地呈深褐色的工艺效果,即恰如其分地利用釉质垂流现象、深浅的对比,充分突出了主题纹饰。

瓷质仿玉璧形佩饰在窑业遗址中,并非孤立存在的,与之同时伴出的有仿制的玉环、双瓶、串珠等多种仿玉制品的瓷质佩饰等组合件[26]。

我在前文中所引述的儒家"玉德"思想中的"十一德""九德""七德""六德""五德"论,说法有所不同,但核心相同,即都是以"仁"为中心和以"仁"为基础的儒家思想的反映,"以玉的质地温润来附会'仁',又以'仁'来代表玉的本质。玉与儒家思想道德的紧密连(联)结,使中国的玉文化与中华民族道德观融为一体,道德化成为玉文化的最基本的内涵"[27]。考古学家郭宝钧先生对儒家的"比德于玉"的思想有过精辟的论述:"抽绎玉之属性,赋以哲学思想而道德化;排列玉之形制,赋以阴阳思想而宗教化;比较玉之尺度,赋以爵位等级而政治化。"[28]

宋代景德镇制作和生产这种仿玉的青白瓷,其尚玉的实质和根源便是儒家的这种"玉德"思想和玉文化观念。"'浮梁巧烧瓷,颜色比琼玖'。瓷玉相通,瓷器追求温润莹澈的效果,一方面是中华农耕民族对土、石、玉的审美观念的延展;另一方面,受到'君子比德于玉'思想的影响,是儒家把重礼、重德的精神贯通于生活方方面面的具体体现。"[29]宋代景德镇青白瓷也就成了载玉德的瓷质器物了。我们在宋代墓葬和窑址中出土的景德镇青白瓷玉形器物也充分反映了这一点。

(四)宋代景德镇青白瓷"尚玉"意蕴与"崇青"的色彩风尚都源于"如玉"之美

宋代景德镇青白瓷,青中显白,白中泛青,是青与白的一种有机结合,是美的一种结合,呈现一种纯正的青白色的美。

中国传统的色彩观念中,青色与白色都是五色中的两色,都属于"正色"。

"五色说"是中国色彩美学的根基。它与"五行说"有关。

关于"五行"的最早文献是《尚书·洪范》:"一曰水,二曰火,三曰木,四曰金,五曰土。传皆其生数:水曰润下,火曰炎上,传言其自然之性;木曰曲直,金曰从革,传木可以揉曲直,金可以改更;土爱稼穑,传种曰稼敛曰穑,土可以种、可以敛。润下作碱,传水卤之性;

炎上作苦，传焦气之味；曲直作酸，传木石之性；从革作辛，传金之气；稼穑作甘，传甘味生于百穀。”（图 5－44）

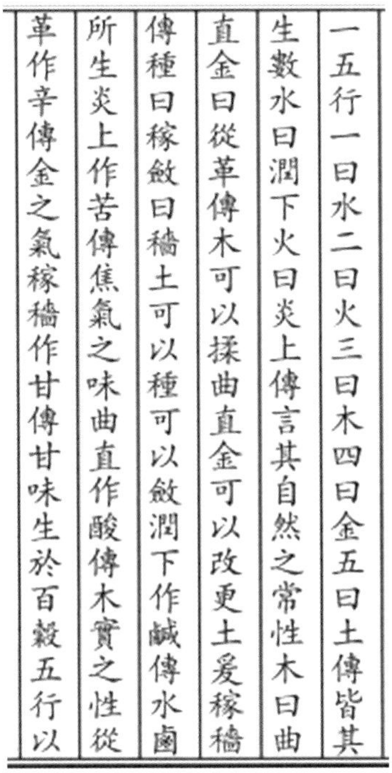

一五行一曰水二曰火三曰木四曰金五曰土傳皆其
生數水曰潤下火曰炎上傳言其自然之常性木曰曲
直金曰從革傳木可以揉曲直金可以改更土爰稼穡
傳種曰稼斂曰穡土可以種可以斂潤下作鹹傳水鹵
所生炎上作苦傳焦氣之味曲直作酸傳木實之性從
革作辛傳金之氣稼穡作甘傳甘味生於百穀五行以

图 5－44　《尚书·洪范》

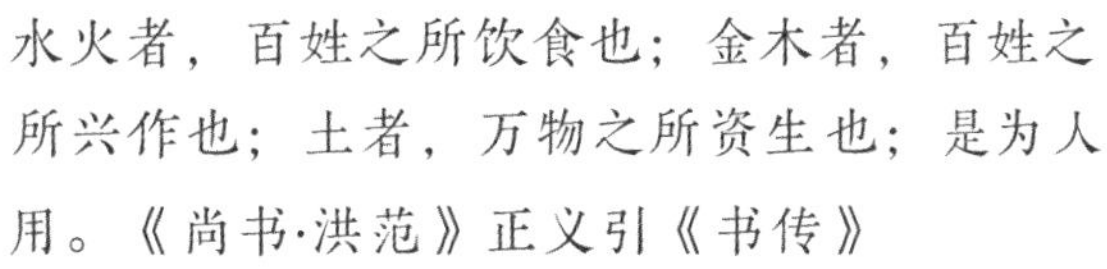

水火者，百姓之所饮食也；金木者，百姓之所兴作也；土者，万物之所资生也；是为人用。《尚书·洪范》正义引《书传》

图 5－45　《尚书大传·周传》

“五行”与百物制造，与百姓所用有关。《尚书大传·周传》载：“水火者，百姓之所饮食也；金木者，百姓之所兴作也；土者，万物之所资生也，是为人用。”（图 5－45）《左传》（襄公二十七年）载，“天生五材，民并用之，废一不可”。《国语·郑语》载：“先王以土与金木水火杂，以成百物。”（图 5－46）

关于中国的五行说，日本学者城一夫列表如下[30]。

五行	季节	方位	十干	五音	五脏	五色	五味	生物	五帝	五气
木	春	东	甲乙	角	脾	青	酸	羽	大皞	燥
火	夏	南	丙丁	徵	肺	红	苦	毛	炎帝	阳
土	土用	中	戊己	宫	心	黄	甘	倮	黄帝	和
金	秋	西	庚辛	商	肝	白	辣	介	少皞	湿
水	冬	北	壬癸	羽	肾	黑	咸	鳞	颛顼	阴

从这张表中，我们可以看出，青色、白色与方位、季节、五气、五行的对应关系：

青——东，白——西（方位）；

青——春，白——秋（季节）；

青——燥，白——湿（五气）；

青——木，白——金（五行）。

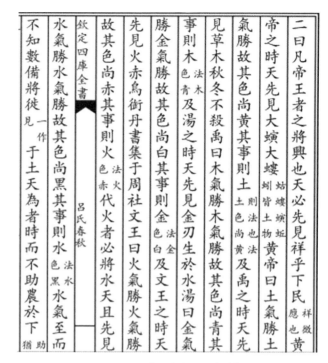

图 5-46　《国语·郑语》　　　　　　图 5-47　《吕氏春秋·名类》

城一夫称，"色在具备物质的一种属性的同时，又具有作为共通语言的象征性和逻辑性。例如，红色是人类血的象征，同时也是生命象征，这是从古至今各民族的共同观念"[31]。

正因为色彩具有这样的属性，在中国，色彩往往与社会性事物相联系，从中表现出中国人的色彩观念和色彩美学。关于这种情况，中国史籍不乏记载。

郑午昌《中国画学全史》载："黄帝染衣裳，虞舜画衣冠，五彩兼施，夏商仍之，对于敷彩，益知讲究。"[32]可见，在这个时代，色彩已广泛地进入社会生活领域，而且到了"益知讲究"的程度。

《吕氏春秋·名类》篇，曾对先秦时期邹衍提出的与"五行""五德"相联系的"五德终始说"做了阐述。从中，我们可以窥见色彩与"五行""五德"的关系："黄帝之时，天先见大螾大蝼，黄帝曰，土气胜。土气盛，故其气尚黄，其事则土。及禹之时，天先见草木秋冬不杀。禹曰，木气胜。木气胜，故其色尚青，其事则木。及汤之时，天先见金刃生于水。汤曰，金气胜。金气胜，故其色尚白，其事则金。及文王之时，天先见火赤乌衔丹书集于周社。文王曰，火气胜。火气胜，故其色尚赤，其事则火。代火者必将水，天且先见水气胜。水气胜，故其色尚黑，其事则水。水气至而不知数备将徙于土。"（图5-47）

从这则记载来看，秦之前的各代帝王是单色崇拜。这种单色崇拜，对后代有深刻的影响。

宋真宗时，官修大型类书《册府元龟》卷一《帝王部·总序》云，“昔雒出书九章，圣人则之，以为世大法。其初，一曰五行：一曰水，二曰火，三曰木，四曰金，五曰土。帝王之起，必承其王气……盖五精之运，以相生为德。木生火，火生土，土生金，金生水，水生木，乘时迭王，以昭统绪。故创业受命之主，必推本乎历数，参考乎徵应，稽其行次。上承天统，春秋之大居正，贵其体元而建极也”（图 5－48），可见“五德终始”说在宋代官方意识中的影响。

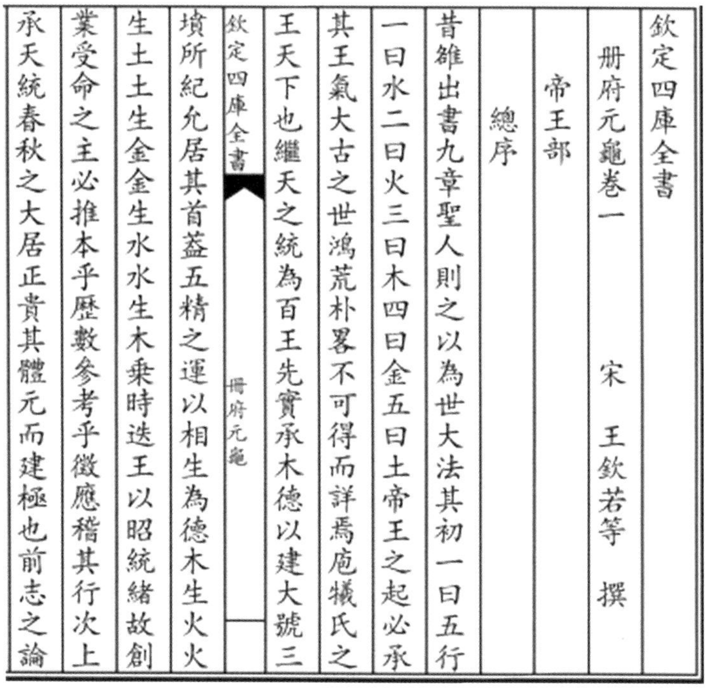
欽定四庫全書
冊府元龜卷一　宋 王欽若等 撰
帝王部
總序
昔雒出書九章聖人則之以為世大法其初一曰五行
一曰水二曰火三曰木四曰金五曰土帝王之起必承
其王氣大古之世鴻荒朴畧不可得而詳焉庖犧氏之
王天下也繼天之統為百王先實承木德以建大號三
欽定四庫全書　冊府元龜
墳所紀允居其首蓋五精之運以相生為德木生火火
生土土生金金生水水生木乘時迭王以昭統緒故創
業受命之主必推本乎歷數参考乎徵應稽其行次上
承天統春秋之大居正貴其體元而建極也前志之論

图 5－48　《册府元龟》卷一《帝王部·总序》

从“五行”和“五色”的关系来看，青为五色之首，成为一种青色崇尚。战国时的《考工记》称：“画缋之事，杂五色。东方谓之青，南方谓之赤，西方谓之白，北方谓之黑，天谓之玄，地谓之黄。”（图 5－49）《周礼·春宫·大宗伯》：“以玉作六器，以礼天地四方，以苍璧礼天，黄琮礼地，青圭礼东方，赤璋礼南方，白琥礼西方，玄璜礼北方。圭璧以祀日月星辰，璋邸射以祀山川。”直到明清时期，朝廷对祭祀用瓷和礼用瓷器的方位与色彩等，做了严格的限定：

万历本《大明会典》卷二百一载：“（洪武）二年定，祭器皆用瓷。……（洪武）九年定，四郊各陵瓷器，圜丘青色，方丘黄色，日坛赤色，月坛白色，行江西饶州府如式烧解。”

《明史》卷八十二载：“禁私造黄、紫、红、绿、青、蓝、白地青花诸瓷器，违者罪死。”（图 5－50）

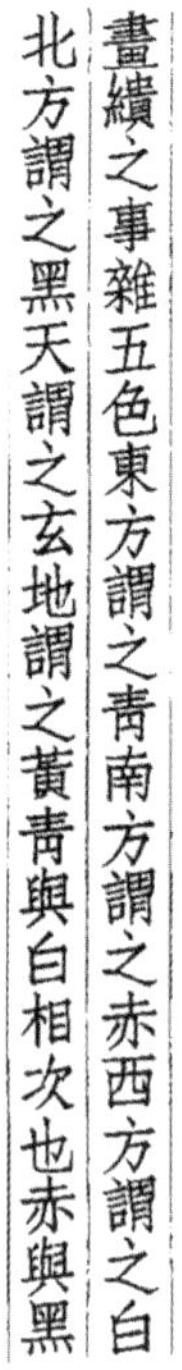

畫繢之事雜五色東方謂之青南方謂之赤西方謂之白
北方謂之黑天謂之玄地謂之黃青與白相次也赤與黑

图 5-49　《考工记》中五行和五色的关系

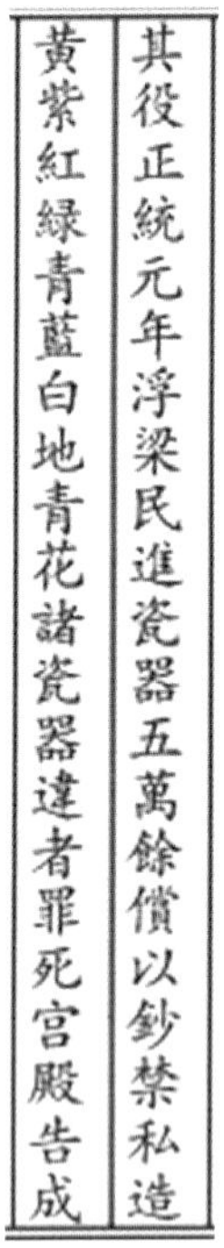

其役正統元年浮梁民進瓷器五萬餘償以鈔禁私造
黃紫紅綠青藍白地青花諸瓷器違者罪死宮殿告成

图 5-50　《明史》中关于瓷器烧造的规定

明英宗时期规定更为严格,《明英宗实录》卷一百六十一载:"禁江西饶州府私造黄、紫、红、绿、青蓝、白地青花等瓷器。命都察院榜喻其处,有敢仿冒前禁者,首犯凌迟处死,籍其家赀,丁男充军边卫,知而不以告者连坐。"

可见,包括青、白等在内的五色等,被赋予社会的、政治的等多种意义。

日本学者城一夫还对中国的青色、白色等五色,做了多方面的描述:"天子把季节和方位与这一色彩的象征性连(联)结起来,进行王宫典礼祭事。例如,天子在立春时,骑青马、着青衣、配青玉,到东郊踏青迎春。立夏时着红衣,配黄玉,在王宫大厅恭迎盛夏。立秋时着白,配白玉在西郊迎秋。立冬时裹黑衣,配黑玉迎冬。另外春节时,天子应在明堂东北角的房间,穿青衣、插青旗……"[33]

而且,从性质来讲,以及对人的生理和心理发生的作用来讲,青色也是很独特的。

"从生理学角度来说,人的眼睛对(青)绿色光($M = 5550A$)较为敏感,因此人的眼睛在观看青色时感到比较舒适。"[34]

格罗塞在《艺术的起源》中对色彩和心理、性格等的对应关系做了很好的论述:"按照心理学家的综合研究,人对于色彩的反应或态度起码包括这四个方面:(1)客观方面。……色彩本身的不同客观性质或特征可以影响相应的情绪反应。(2)生理方面。一般而言,愉快的反应是因为色彩的刺激性、安抚性和温暖性,与之相反的则是因为色彩的晃眼,令人压抑和心烦等。(3)联想方面。如果色彩令人想到合意的事物或场景便会引发愉快的反应,反之则引发不愉快的反应。(4)性格方面。当色彩似乎与人联系在一起或是仿佛有某种性格时,它就会引起不同性质的情绪反应。"[35]

青色这种色彩,给人以单纯、明朗、纯洁、雅静的感觉。

这种色彩的性质,与儒家所提倡的思想和魏晋以来的玄学所追求的境界以及宋朝理学所崇尚的观点相吻合。

儒家的色彩思想,从"礼"的规范出发,实现"仁"的目的,重视色彩的社会、伦理意义。

《论语·子罕》云:"吾未见好德如好色者也。"

司马迁在《史记》中记载了此语的出处:"(孔子)居卫月余,灵公与夫人同车……使孔子为次乘,招摇市过之,故发此言。"此语之主旨在于劝人要"好德",要像爱"美色"那样。孔子还把"礼"与色相联系。

儒家把"五色"定为正色,孔子"恶紫之夺朱",夺正不"仁"。即使对于黑白,孔子也认为,必须"白当正白,黑当正黑"。在《论语·八佾》篇,子夏问曰:"巧笑倩兮,美目盼兮,素以为绚兮,何谓也?"子曰:"绘事后素。"对于"绘事后素",郑玄注曰:"绘画,文也。凡绘画先布众色,然后以素色分布其间,以成其文。喻美女虽有倩盼美质,亦需以礼成之。"郑玄是儒学家,郑注应符合儒家本意[36]。

儒家和理学家都赋予青色以独特的意蕴。这种"崇青"之风,与青白瓷"尚玉"的意蕴是密切相关的,或者说,是"尚玉"意蕴的有机组成部分。因为,青白瓷是仿玉的产物,是玉的替代物。

已故著名陶瓷专家冯先铭先生认为,"玉器历来属于稀有物而为统治阶层垄断专用,青白瓷是在青白玉可遇而不可求的情况下出现的,应是景德镇陶瓷匠师别出心裁利用当地优质原料烧出了色质如玉的青白瓷,以满足消费者需求,从它出现的那一天起就受到喜爱,不久便赢得'假玉器'的美称。南宋词人李清照《醉花阴》中有'玉枕纱橱'词句,这里的玉枕就指的是色质如青白玉的青白瓷枕(图5-51);元代青白瓷碗有印'玉出昆山'和'玉出昆冈'字铭,表明了青白瓷是仿玉器而作的,寓意很明显"[37]。

图5-51　青白瓷枕

由于上层统治者崇尚青色,供御瓷器追求似玉的效果,而景德镇窑的青白瓷,白中闪青,刻意模仿玉的色质,因此两宋时期景德镇窑为宫廷烧造御用器物从未间断过。

四、宋代景德镇青白瓷的审美两极——"雅""俗"

（一）官用与民用之别形成宋代景德镇青白瓷的审美两极——"雅""俗"

宋代景德镇青白瓷在风格上，有"雅"与"俗"两种审美风格。当然，这两种风格是相对的：雅中有俗，俗中有雅。

宋代瓷器，从总体上，都有一种"雅"化的审美风格。宋代的五大名窑和耀州窑、越窑、龙泉窑和景德镇窑的青白瓷，都是如此。邢瓷的"类银似雪"、越瓷的"类玉似冰"、耀州窑青瓷的"巧如范金，精比琢玉……击其声，铿铿如也；视其色，温温如也"（《宋耀州太守阎公奏封德应侯之碑》）、官窑瓷的"澄泥为范，极其精致，油色莹彻，为世所珍"（叶寘《坦斋笔衡》）（图5-52）。

图5-52　官窑瓷

许多研究者都指出了宋瓷中这种"雅"化的审美趣味。《饮流斋说瓷·概说第一》称宋瓷"观于宋瓷汝、钧、哥诸器，制作凝重古雅，而瓷质之腴润，釉色之晶莹，历千载而常新……宋代制瓷，虽研炼极精，莹润无比，而体制端重雅洁，犹有三代鼎彝之遗意焉"。

"宋代十分重视恢复传统的典章文物制度，宋初聂崇义编《三礼图》，就是为了'详求原始'，考证制度，'遵其义''释其器'，以'恢尧舜之典，总夏商之礼''仿虞周汉唐之旧'，虽不是完全遵其旧制，但也成了力图恢复旧制的蓝本，开创了宋瓷仿古之先声。宋代金石学的诞生及对古代青铜器的研究，使宋瓷出现了不少仿古的造型，尤其是汝窑、官窑、哥窑、钧窑等官办瓷窑更是大量烧造仿古铜和古玉器的陈设瓷，样式多为瓶、尊、壶、炉、鬲、觚、斝一类礼仪雅器，内中尤以弦纹瓶、贯耳瓶、鬲式炉、觚式瓶、鼎式炉最为常见。这些仿古器物都做得规整、精细，造型也非常古朴、典雅。故宫博物院收藏的官窑弦纹瓶仿照汉代青铜器的样式，长颈、鼓腹，简洁雅致，干净利落。除弦纹瓶外，琮式瓶、贯耳瓶、穿带瓶、鬲式炉等，都是从古铜和古玉器中吸取了营养，从而极大地丰富了造型的意匠。这类以仿古礼器为主的官窑器物，与形制灵活多变、讲求实用的民窑日用器皿，在造型上代表着两种完全不同的审美理想。"[38]"在审美趣味上，如果说唐代的工匠以质地粗糙但却色泽艳丽的低温彩釉来表现其粗犷豪放的时代风尚，那么宋代的艺人则以质地细腻而色泽淡雅的高温瓷器来抒发那飘逸委婉的审美趣味。如果说唐代陶瓷的造型很容易使人们联想起坦胸露臂、体态丰腴的绮罗人物，那么宋代陶瓷的造型则很容易使人们联想起长颈溜肩、婀娜多姿的晋祠侍女。如果说唐代陶瓷的颜色很容易使人联想起视觉强烈、浓郁艳丽的敦煌壁画，那么宋代陶瓷的颜色则很容易使人联想起计白当黑、清新澹泊的文人山水。……

总之,倘若要用最简单的语言来概括宋代陶瓷之艺术风格的话,其恰切者莫过于一个'雅'字了。"[39]

宋代景德镇青白瓷以雅和俗而流传天下。我这里所指的青白瓷的"雅"和"俗",主要是指宋代青白瓷的审美两极,即青白瓷既为皇室、官僚、文人雅士所用,体现出"雅"化趣味,又为广大老百姓所用,更多地体现"俗"化意味。

根据文献记载,北宋、南宋时景德镇都曾为朝廷生产、进御过青白瓷。

我在前面论述景德镇之名的由来和青白瓷的关系时,曾经引述了一则文献,即清代蓝浦所著《景德镇陶录》卷五《景德镇历代窑考》"景德窑"条记载的"真宗命进御瓷器,底书'景德年制'四字",原因是其时青白瓷"土白壤而埴质薄腻,色滋润""光致茂美"。

据《宋史·食货志》记载:"(元丰五年)八月置饶州景德镇瓷窑博易务。"(图5-53)其主要职能是督烧御瓷,管理包括税收在内的窑务。

据婺源县《嵩峡齐氏宗谱》记载:"诏封新安元帅掣麾侯齐宗蠖,仁宗景祐三年,初任景德镇窑业,庆历五年,因部御器经婺源下槎,土名金村段,行从误毁御器后吞器亡之事。"此记载说明宋代景德镇已向朝廷进贡瓷器。

考古发现也证实了宋代景德镇进贡瓷器一事。1997年,江西省文物考古研究院在景德镇湖田窑遗址,发掘出一块刻字瓷片。字为"迪功郎浮梁县丞张昂措置监造"(图5-54)。宋代朝廷在内廷设立瓷器库,存放全国各地进御的瓷器名品,其中就有景德镇所产的青白瓷。

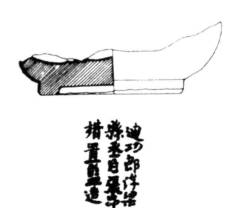

图5-53　《宋史·食货志》所载　　　　图5-54　瓷片字铭

据《宋会要辑稿·食货五二之三七》记载:"瓷器库在建隆坊,掌受明、越、饶州、定州、青州白瓷器及漆器以给用。……宋太宗淳化元年(990 年)七月诏,瓷器库纳诸州瓷器……真宗景德四年(1007 年)九月诏,瓷器库除拣封椿供进外,余者令本库将样赴三司,行人佑价出卖。"

这里,有必要对《宋会要辑稿》的编纂情况略加考证。"宋于秘书省设会要所专司纂辑,前后 10 次,成书 2200 余卷,所据为实录、日历、内外档案等,稿未刊行。明初修《永乐大典》曾取《宋会要》史事分入各韵,惟其时'会要'原稿已十亡其三,宣德间又大半毁于火。清嘉庆时,徐松自《永乐大典》中辑出五六百卷,后经刘富曾删减并原稿成初编 291 卷,分 10 类,续编 75 卷,分 9 类,于 1936 年影印出版。"[41]

可见,《宋会要辑稿》尽管出版于 1936 年,但原稿出自宋秘书省会要所,是当时人所辑、所撰,因而,所述史实是可信的。这样,尽管传世器物和出土文物并没有明确注明出自宋朝御用瓷器库,但《宋会要辑稿》明确告诉我们:宋代景德镇确实向朝廷进御"光致茂美"的青白瓷之上品。考古发掘也证实了宋代景德镇向朝廷进贡过青白瓷。1972 年望石坞建露天剧场时,出土了一块青白釉盏托残片,其托与足相通,为典型的南宋形制。托上刻有"宁殿"二字,按其排列尚缺一字,当为"某宁殿"。殿,在汉以前"古者屋之高严,通呼为殿",而汉以后则专指帝王所居或供奉神佛之所。经查考,佛、道、儒三教之殿名均与"某宁殿"联系不上。南宋人周密在宋亡之后,回忆南宋旧事所著《武林旧事》"故都宫殿"条所列南宋宫殿中有"福宁殿",故缺字可能为"福"字。该器很可能是为紫宸殿后的福宁殿生产的日用器皿。

此外,近年来中国社会科学院考古研究所在杭州试掘南宋皇城遗址时,在万松岭一带采集了大量宋代瓷片,其中以龙泉青瓷和景德镇青白瓷为多,这也证明南宋大内使用了景德镇生产的青白瓷。结合湖田出土的"福宁殿"盏托来看,南宋宫中使用的青白瓷中一定有景德镇窑的产品。

当然,宋时景德镇向朝廷进贡瓷器的形式,应和当时其他窑场的形式一样。"有命则供,否则止",一直到元朝朝廷在景德镇正式设立"浮梁瓷局"时,所采取的进御形式也还是这种的做法。《元史·百官志》记载:"浮梁瓷局秩正九品,至元十五年(1278 年)立,掌烧造瓷器。"(图 5 - 55)清代王泽洪修、吴俊等编纂的《饶州府志》(清康熙二十二年黄家遴增刻本)卷十一《陶政·陶厂》记载:"唐武德四年,里人陶玉献假玉器,由是置务。宋景德中,始置镇,因名。置监镇一员,以奉御董造。元更景德镇税课局,监镇为提领,泰定本路,总管监陶,皆有命则供,否则止。"(图 5 - 56)

宋代朝廷对御用瓷器的选用是极其严格的。

浮梁磁局秩正九品至元十五年立掌烧造磁器

并漆造马尾棕藤笠帽等事大使副使各一員

浮梁縣志陶政

陶廠

唐武德四年里人陶玉獻假玉器由是置務

宋景德中始置鎮因名置監鎮一員以奉御董造

元更景德鎮祝課局監鎮為提領泰定本路總管監陶皆有

命則供否則止

图 5 - 55　《元史·百官志》中的记载　　图 5 - 56　《饶州府志》中的记载

五代时越窑青瓷之上品即所谓的"秘色"瓷,宋时继续供奉朝廷。《宋会要辑稿·蕃夷》载:"(开宝)六年(973年)二月十二日……两浙节度使钱惟浚……又进……金棱秘色瓷器百五十事……"《宋会要辑稿·食货》载:"神宗熙宁元年(1068年)十二月,尚书户部上诸道府土产贡物……越州……秘色瓷器五十事。"越窑青瓷和其他名窑所产名瓷成为宋朝御用之物,见前文所述《宋会要辑稿》中关于"瓷器库"的记载。

宋顾文荐《负暄杂录》和叶寘《坦斋笔衡》中记载,生产宋代朝廷御用瓷器应"澄泥为范,极其精致,油色莹彻,为世所珍"。

前文所引《宋会要辑稿》所载"瓷器库"中亦有定窑和青州窑(即耀窑)的供奉之器,然而,采用覆烧工艺烧制的定器,不再为朝廷所喜爱,并被朝廷禁止进入宫廷作御用之器。陆游在《老学庵笔记》中回忆北宋朝廷御用瓷器的情景时,评论道:"故都时,定器不入禁中,惟用汝器,以定器有芒也。"南宋时人叶寘在《坦斋笔衡》中亦做了类似记载:"本朝以定州白瓷器有芒,不堪用,遂命汝州造青窑器。"定窑克服芒口缺陷,采用在口边包金镶银的办法,使定瓷独具风采,一时成为一种风尚。

从北宋中期开始,景德镇窑采用定窑的覆烧工艺烧造青白瓷,覆烧装烧青白瓷,同样有芒口。芒口瓷,只能供百姓用。供朝廷御用及供达官贵人、文人雅士所用之瓷,均须镶金包银(图5-57),显得高雅和富贵,充分反映了宋代景德镇青白瓷"雅"的一面。

图 5 - 57　镶金包银的瓷碗

我们从考古发掘情况来看,江西省婺源县分别于1979年和1981年发掘了北宋乐平知县汪路妻张氏墓一座和南宋汀州知州汪庚、程宝睦夫妇墓,并于这两座墓葬出土了相当数量和能代表各自时代水平与风格的器物,两座墓均伴有纪年墓志。南宋纪年墓出土的器物大部分是扣银或扣铜的芒口器、葵口器。其中以扣银青白器为多。我们知道,金银器是唐宋最珍贵的器皿,有相当一部分陶瓷器的造型、纹饰受金银器的影响。金银器的价格太高,不能满足普通百姓的需要,而瓷器,特别是"假玉器"似的青白瓷可以说是比较理想的代用品,它在价格、产量上能满足社会需求。于是为数不少的口沿包金、包银、包铜的瓷器就源源不断地出现在社会上。这类器物不局限于青白瓷,连专烧黑釉为主的建窑也烧制过,南宋纪年墓中的天目盏口沿就出现了扣银。

墓中出土的器物有:

青白扣银菊瓣汤瓯一件。高5.9厘米,口径10.1厘米。芒口,覆烧,直口,弧壁,平底足。内壁素洁闪青,外壁刻划莲瓣,刀法简练,制作精巧。器物口沿与扣银相接处有凹纹两道。胎薄质细,器壁厚处仅2毫米。釉色透明晶莹。

青白斗笠碗一件。高6.1厘米,口径18.4厘米,足径3.5厘米。圈足微内敛,仰烧,敞口,斜壁。除足底外,整个器物满釉,釉色明亮、闪青。口沿扣银。内壁两组缠枝莲花图案采用景德镇传统的"半刀泥"刻花法刻划而成,使花卉表现出层次感。

青白莲瓣盖碗一件。通高11.4厘米,碗高7.5厘米,口径13厘米,足径5.9厘米,足高0.9厘米,盖高3.9厘米,盖口径14.5厘米。碗直口,弧壁,深腹。为芒口覆烧,扣银,子母盖。高圈足满釉,胎白质细,釉色晶莹。外壁刻划四层仰瓣莲。碗盖为茎纽莲瓣盖。此器为南宋薄胎青白瓷中的精品。

青白扣银斗笠碗一件。高6.1厘米,口径18.4厘米,足径3.5厘米。器底施釉,足壁内敛,器身满釉,撇口斜壁,碗心凸起,口沿扣银。内壁刻划缠枝卷草莲花野慈姑纹,纹饰清晰,釉色精美。

青白薄胎碗一件。高8.4厘米,口径15.6厘米,足径6.2厘米。芒口扣银,圈足较高,直口弧壁,内外光素无纹。胎质薄腻,釉色偏白。此器是比较典型的薄胎瓷。

青白汤鼓一件。通高 15.8 厘米,腹径 15.8 厘米,足径 7.5 厘米。带盖,子母口,芒口,大圈足,敛口鼓腹,口沿部分扣银。胎质厚实,釉色微灰。器身上部刻划一周暗花边。

青白葵口小碟三件。高 1.8 厘米,口径 9.1 厘米。平底微上突,覆烧芒口扣银,呈六瓣形,敞口深腹,造型新颖,别具一格,给人一种小巧之感。

但是,大量的宋代景德镇青白瓷,都是在民间使用,都是商品经济、城市发展与繁荣的产物,体现了宋代景德镇青白瓷审美的另一极——"俗"化。

宋代陶瓷贸易极为繁荣,蒋祈《陶记》载:"若夫浙之东西,器尚黄黑,出于湖田之窑者也;江、湖、川、广,器尚青白,出于镇之窑者也。"这只是反映了蒋祈所处时代的景德镇青白瓷的交易、流通情况。南宋时期,福建泉州市舶司提举赵汝适《诸蕃志》所载贸易情况,不限于国内,也包括海外贸易。

世界各国出土大量的宋代景德镇青白瓷,反映了海外贸易的繁盛情况。

1976 年在朝鲜新安海底发现一艘沉船,打捞出 7168 件遗物,其中瓷器为 6457 件。这 6457 件瓷器,仅 3 件为朝鲜所出,其余全为中国瓷器.而在中国瓷器中,数量最多的为龙泉窑系瓷和景德镇窑系的青白瓷。青白瓷器型有碗、高足碗、盘、执壶、罐、瓶、经瓶、炉、砚滴、枕等,纹样有云龙纹、鱼纹、凤纹、叶纹、菊花纹、莲花纹、梅花纹、缠枝牡丹纹等,有的碗、盘芒口,镶银。专家考证,这艘沉船为元代沉船。因此,沉船所遗景德镇青白瓷,大多数为元代器物,也有少数南宋时期的器物。不过,从中也可以推测出宋代景德镇青白瓷的海外贸易情况[41]。

自 19 世纪 50 年代起,特别是最近十几年来,东亚、非洲一些国家沿海地区的文化遗址中,出土了相当数量的宋元时期中国东南沿海地区所产的青白瓷。其中以亚洲国家发现居多,如日本、朝鲜、菲律宾、马来西亚、巴基斯坦。在非洲的埃及和欧洲的一些国家也有发现。

朱莉叶·艾莫森等著、秦大树译《瓷器贸易的曙光——白瓷与青白瓷》介绍了包括宋代景德镇窑青白瓷系的海外贸易情况。该文称:"当时的文献,如南宋赵汝适的《诸蕃志》记录了 58 个国家和地区,其中 15 个与宋朝进行陶瓷贸易。到了元朝,汪大渊《岛夷志略》记录的国家和地区增加到 99 个,其中 44 个国家进口元代的陶瓷器","陶瓷的贸易伴随着海路的开拓而极大地发展……陶瓷跃升为在对外贸易中最受欢迎的物品之一,仅次于丝绸。如丝绸一样,中国的高温烧成的瓷器以其优良的技术和华美的艺术,几个世纪中一直在海外被认为是不可思议的物品。由于被视为珍宝,中国陶瓷一直是中国海外贸易伙伴们渴求的物品,并且在其输往的国家中对生活方式和文化产生了巨大的影响。这些瓷器成为人们富有程度和社会地位的象征"。"青白瓷于十一世纪加入贸易行列并迅速成为宋元时期最主要的输出种类","按今天的政治地理,大约沿着海路的 20 个国家或 30 多个地区,在考古发掘的遗址中发现了白瓷和青白瓷"[42]。

日本三上次男先生著、庄景辉等译《陶瓷之路——访东西文明的接点》，全面考察了中国陶瓷的海外贸易情况，其中不少瓷器是宋代景德镇所产青白瓷。

宋代景德镇所产青白瓷，在国内出土的就更多了。从前文所论述的宋代青白瓷系的情况，可见一斑。

海外贸易和国内出土情况以及宋代青白瓷系的出现，反映了宋代景德镇青白瓷的受欢迎程度，从其生产性质来说，是为民用而具有商业贸易性质。这反映了宋代景德镇青白瓷"俗"的一面。我们从宋代文献记载中可以看出这些情况。

宋吴自牧《梦粱录》卷十三（知不足斋丛书）载："（临安）住大树下橘园亭文籍书房，平津桥沿河布铺，黄草铺、温州漆器、青白瓷器……"宋孟元老《东京梦华录》卷四"会仙酒楼"条载："大抵都人风俗奢侈，度量稍宽，凡酒店中不问何人，止两人对坐饮酒，亦须用注碗一副，盘、盏两副，果菜碟各五斤，水菜碗三五只，即银近百两矣。"（图5-58）耐得翁于南宋端平乙未年（1235年）所撰的《都城纪胜》"铺席"条称："都城天街……又有大小铺席，皆是广大物货，如平津桥沿河布铺、扇铺、温州漆器铺、青白碗器铺之类。"

景德镇本地的文献对宋代景德镇青白瓷的流通情况，亦有记载。清康熙版《浮梁县志》引汪肩吾《昌江风土记》："其货之大者，摘叶为茗，伐楮为纸，坯土为器，自行就荆、湘、吴、越间，为国家利。其余纺丝布帛，负贩往来，盖其小者尔。"（图5-59）"鄱阳民黄廿七'绍熙元年，到景德镇贩陶器'。而鄱阳的席坊是专为'陶甓者所居'之地。"[43]

图5-58　《东京梦华录》"会仙酒楼"条　　　图5-59　《昌江风土记》

宋代景德镇青白瓷，既是宋应星所指出的"凡大小亿万杯盘之物，乃生人日用必需"

(《天工开物·陶埏》),也是商业贸易发展的需要和产物。这是宋代景德镇青白瓷"俗"化的内在原因。

(二)宋代商业、贸易及城市的发展对青白瓷"俗"化的影响

宋代商业、贸易及城市繁盛情况,远甚于唐代。这也导致了文学艺术的通俗化。宋代景德镇青白瓷在审美风格与情趣上,必然受其影响。

宋代农业有很大的发展,手工业和唐代相比,更有长足的进步:"如唐宣宗时(847—859 年)银的年产量是 2.5 万两,铜是 65.5 万斤,铁是 53.2 万斤。北宋时,银一般的年产量是二三十万两,最高达 88 万两,铜是 400 多万斤,最高达 1460 万斤,铁是 600 万斤,最高达 824 万斤。从超过唐代几倍到几十倍的数字中,我们可以看到手工业在突飞猛进地发展,而农业和手工业的发展,使宋代的商业日益繁荣兴盛,市镇得到了空前的扩大……唐代以前,10 万户的城市仅十多个,到宋代宋神宗元丰年间(1078—1085 年)已有 40 多个,宋徽宗崇宁年间(1102—1106 年)更发展到 50 多个。以当时每户约 5 口计算,各大城市的总人口已在 2500 万以上,这当中有汴京(今开封)、临安(今杭州)等百万人口以上的城市……正是城市的不断发展,使商业获得了空前的繁荣。唐代以来的坊市有别的制度,在宋代逐渐消失,取而代之的是开放的商业街市,临街随处可以开设店铺。"[44]

这种状况,在宋代史籍中多有记载。张择端的《清明上河图》给予了形象的历史性反映和再现。

《宋史·舆服志》载,"辇毂之下,奔竞侈靡,有未革者,居室服用以壮丽相夸,珠玑金玉以奇巧相胜,不独贵近,比比纷纷,日益滋甚"(图 5-60);《宋史》卷三二九《邓绾传》载,"商贾通殖货财,交易有无,不过服食器用,米粟丝麻布帛之类";宋理宗时,刘宰曾言,"今夫十家之聚,必有米盐之市"(《至顺镇江志》)。大文人欧阳修有诗赞扬这种商业贸易互通有无的盛况:"南产错交广,西珍富邛巴,水载每连轴,陆输动盈车。"(《文忠集》卷六《初食车螯》)

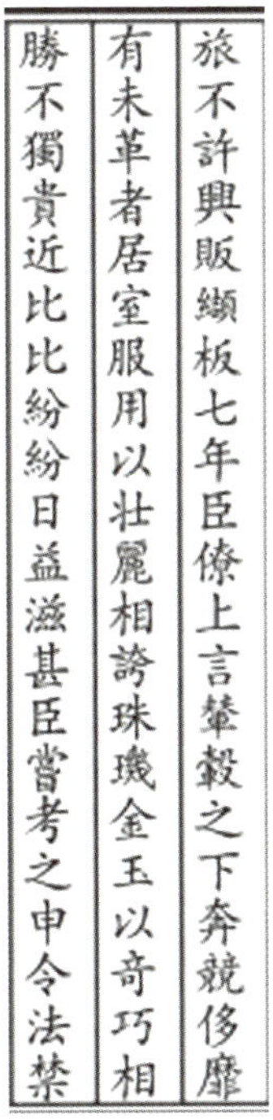
旅不許與販鬻板七年臣僚上言輦轂之下奔競侈靡
有未革者居室服用以壯麗相誇珠璣金玉以奇巧相
勝不獨貴近比比紛紛日益滋甚臣嘗考之申令法禁

图 5-60 《宋史·舆服志》

南宋都城"为都会之地,人烟稠密,户口浩繁"(吴自牧《梦粱录》卷十八),商业活动频繁热闹,以至于"杭城大街,买卖昼夜不绝,夜交三四鼓,游人始稀,五鼓钟鸣,卖早市者又开店矣"(吴自牧《梦粱录》卷十三)。这种状况,在北宋东京、开封即已出现。当时的东京、开封"人烟浩穰,添十数万众不加多,减之不觉少。所谓花阵酒池,香山药海。别有幽坊小巷、燕馆歌楼"(孟元老《东京梦华录》卷五)。其时,开封"夜市直至三更尽,才五更又复开张。如要闹去

处,通晓不绝"（《东京梦华录》卷三）。在开封潘楼街上作为夜市之一的"鬼市子","每五更点灯博易,买卖衣服、图画、花环、领抹之类,至晓即散,谓之鬼市子"（《东京梦华录》卷二）。

宋代农业的发展,手工业的进步,商业的繁荣,城市规模的不断扩大和市民阶层的迅速扩张,海外贸易的活跃,这一切都促进了文学艺术的商品化,包括陶瓷在内的工艺美术。作为与人的生活关系密切、体现生活方式的器物,当然也不例外。"当时（宋代）都市制度上的种种限制已经除掉,居民的生活已经颇为自由、放纵,过着享乐的日子。不用说,这种变化,是由于都市人口的增加,它的交通商业的繁盛,它的财富的增大,居民的种种欲望强烈起来的缘故。"[45]作为反映市民趣味以及市民娱乐的主要场所——勾栏瓦舍,宋时十分兴盛。宋代文献对这种俗化的艺术形式做了很多记载。从前文吴自牧、孟元老和耐得翁的有关记载中可见与宋代青白瓷有关的内容,这里补充几则与其他俗文化有关的记载:宋代王辟之《渑水燕谈录》卷十记载,北宋著名瓦市艺人张山人,"于都下三十余年,但生而为十七字诗,鬻钱以糊口";苏轼《东坡志林》卷六载,"涂巷中小儿薄劣,其家所厌苦,辄与钱,令聚坐听说古话。至说三国事,闻刘玄德败,频眉蹙,有出涕者;闻曹操败,即喜唱快"。

这种文学艺术商品化和文化市俗化的倾向,促进了宋朝通俗文艺包括戏曲、话本小说等的发展。这成为宋代景德镇青白瓷纹饰的题材。

景德镇在宋代本身就是一个繁华之地。到宋宁宗嘉定八年（1215年）,住户已达79498户,人口121507人。

1966年,景德镇市郊舒家庄出土宋治平元年（1064年）舒氏墓随葬的表演俑多件;1970年,景德镇市郊新平公社洋湖大队毛莲店生产队宋墓出土了表演俑多件;1973年,景德镇市近郊新平公社大石口出土宋代淳祐十二年（1252年）查曾九墓随葬的瓷俑37件。1975年冬,在江西省鄱阳县,磨刀石公社殷家大队发掘了南宋洪子成夫妇合葬椁墓。该墓出土表演俑21件。其中,女俑2件,男俑19件。这批戏俑,从姿态表情来看,可能出自几组戏文,并分生、旦、净、末等几种角色。

这批表演瓷俑,表情生动,姿态多变,形象感染力强,生活气息浓郁。它们的出土,"不仅填补了宋代陶瓷造型艺术的某些空白,也为当时南戏的早期民间形态的研究提供了值得探讨的实物资料"[46]。

这类戏剧俑（图5-61）不断被发现,说明适合广大老百姓的戏曲艺术,在不断地发展。1981年11月,江西省丰城县历史文物陈列室征集到一件元青白瓷雕塑建筑人物故事枕（图5-62）。枕略呈长方形。通高15厘米,面长22厘米、宽14.2厘米,底长19.2厘米、宽12厘米。枕身彩棚戏台分前、后、左、右四个表演台面。器物通体施青白釉,呈色略偏暗绿,较大面积的釉面隐现冰裂纹。枕底部露胎,沙垫底,有釉泪和烧结痕,胎质洁白致密。"以往的发现多是片段场景或少数艺术形象,这件瓷枕上的雕塑以四个连续的场景表现了完整的故事情节,因而弥足珍贵……这件瓷枕上彩棚戏台的装饰手法,对于研究古代戏台的模式,也是很有意义的。"[47]

图 5 - 61　戏剧俑

图 5 - 62　青白瓷雕塑建筑人物故事枕

　　国家博物馆收藏了一件宋杂剧丁都赛砖雕。该砖雕长 28 厘米,宽 8 厘米,厚 3 厘米。四周边缘尚存斧凿刀削痕迹。砖面斑驳古朴,呈青色,砖质坚实。砖上平面浮雕人物全身像,右上角浮雕楷书"丁都赛"三字,为长方形印章式样。人像体态绰约多姿,服饰衣褶清晰,面部细线勾勒,眼眉点染传神。丁都赛是北宋时期著名的杂剧艺术家,宋孟元老《东京梦华录》卷七有其记载:"驾登宝津楼,诸军百戏,呈于楼下……后部乐作,诸军缴队,杂剧一段。继而露台弟子杂剧一段。是时,弟子萧住儿、丁都赛、薛子大、薛子小……后来者不足数……雅态轻盈,妖姿绰约,人间但见其图画矣。"

　　另外,在江西宋墓中,还先后出土了一批青白瓷胡人俑:

　　1970 年,江西景德镇市郊新平乡洋湖村毛蓬店北宋墓出土 1 件景德镇青白釉双胡人牵马俑。1978 年,景德镇乐平县(1983 年划归景德镇管辖)城郊也出土了景德镇出产 1 件素胎单胡人牵马俑(图 5 - 63)[48]。

图 5 - 63　素胎单胡人牵马俑

　　这些胡人俑的出土,是宋代景德镇青白瓷远销西域的形象印证。

（三）宋代景德镇青白瓷“雅”“俗”审美两极的产生与各自的生产组织形式有关

宋代景德镇青白瓷体现的“雅”“俗”审美两极，与各自的生产管理形式及工匠的来源和构成方式等有关。但不管是为朝廷、达官贵人所用，还是为庶民及商贸所用，宋代景德镇青白瓷从总体上都表现出不同程度的典雅，“典雅平淡是宋代艺术追求的最高境界，而宋瓷又最能代表它的这一风格。宋瓷的造型质朴平易，很少有繁缛的装饰，色彩晶莹透彻、清淡纯一，这种风格从南青北白的五代十国瓷即已奠定，类银类雪的邢窑瓷、似玉似冰的越窑瓷成为宋瓷最好的先声。尽管在瓷质、釉料和色彩上，各地宋瓷的风格诡谲多变，但清纯雅洁都是它们一致的趋势，无论是汝窑瓷的天青葱绿，官窑瓷的古典雅洁，哥窑瓷的粉青开片，钧窑瓷的乳光焰红，磁州窑瓷的白釉黑彩，耀州窑瓷的青釉刻花，吉州窑瓷的黑釉玳瑁，龙泉窑瓷的粉青梅青，景德镇窑瓷的青白印花，建窑瓷的兔毫油滴，都充分体现了宋瓷的这一突出风格特征。宋瓷可说是一洗绮罗香泽之态，摆脱绸缪宛转之度，真正达到了雅淡精淳的艺术境界。宋瓷的特征在宋代艺术中有着广泛的代表性，可以说，平淡典雅是宋代一切文人艺术所追求的境界”[50]。

作为体现这种雅化极致的御用瓷器，是按官颁样式制作生产的，不得随意为之。宋庄绰《鸡肋编》（文渊阁四库全书本）卷上载：“处州……又出青瓷器，谓之秘色。钱氏所贡，盖取于此。宣和中，禁庭制样须索，益加工巧。”（图5－64）《宋会要辑稿》载：“（绍兴四年四月六日定明堂之祭）……合用陶器……今来开坐到祭器名件并合创造，乞令太常寺图画样制……”这种官颁样式的生产方式，不仅有文献可证，出土文物亦能佐证。浙江慈溪市上林湖荧白湾窑址和马溪滩窑址发现的越窑盏、碟残底上刻有“官样”铭记。

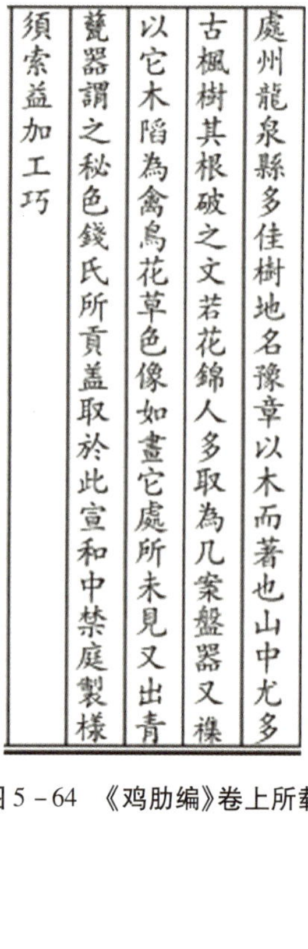
處州龍泉縣多佳樹地名豫章以木而著也山中尤多古楓樹其根破之文若花錦人多取為几案盤器又襍以它木陷為禽鳥花草色像如畫它處所未見又出青甆器謂之秘色錢氏所貢蓋取於此宣和中禁庭製樣須索益加工巧

图5－64 《鸡肋编》卷上所载

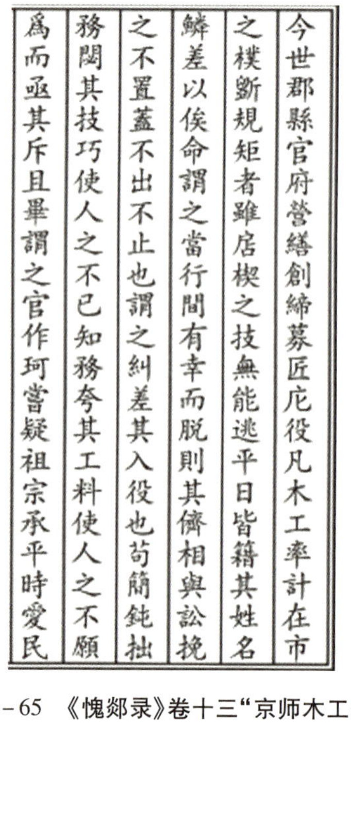
今世郡縣官府營繕創締募匠庀役凡木工率計在市之樸斲規矩者雖居楔之技無能逃平日皆籍其姓名鱗差以俟命謂之當行間有幸而脫則其儕相與訟挽之不置蓋不出不止也謂之糾差其入役也苟簡鈍拙務闕其技巧使人之不已知務夸其工料使人之不願爲而亟其斥且畢謂之官作珂嘗疑祖宗承平時愛民

图5－65 《愧郯录》卷十三“京师木工条”

另外,宋代官府手工业对工匠采用相对和雇制,这比此前任何一种管理形式都自由和灵活,官府又可雇用最优秀的工匠。宋代吴自牧《梦粱录》卷十三“团行”篇称:“虽医、卜、工役,亦有差使,则与当行同也。然虽差役,如官司和雇支给钱米,反胜于民间雇请工钱,而工役之辈则欢乐而往也。”这些“雇”来的工匠的生产活动称为“官作”。宋岳珂《愧郯录》卷十三“京师木工”条:“今世郡县官府营缮创缔,募匠庀役。凡木工,率计在市之朴斫规矩者,虽店楔之技无能逃。平日皆籍其姓名,鳞差以俟命,谓之当行。间有幸而脱,则其侪相与讼挽之不置,盖不出不止也,谓之纠差。其入役也,苟简钝拙,务闷其技巧,使人之不已知;务夸其工料,使人之不愿为,而亟其斥且毕,谓之官作。”(图 5－65)这样的“官作”占用最好的原料,才会有汝窑“以玛瑙末为油(釉)”之事。事见宋周辉《清波杂志》:“汝窑宫中禁烧,内有玛瑙末为油(釉),唯供御拣退,方许出卖,近尤艰得。”(图 5－66)所产制品,优者进贡,劣者出卖,如周辉所说,“唯供御拣退,方许出卖”。

从事理上说,进贡的制品只是少数,大量的还是作为商品出售。

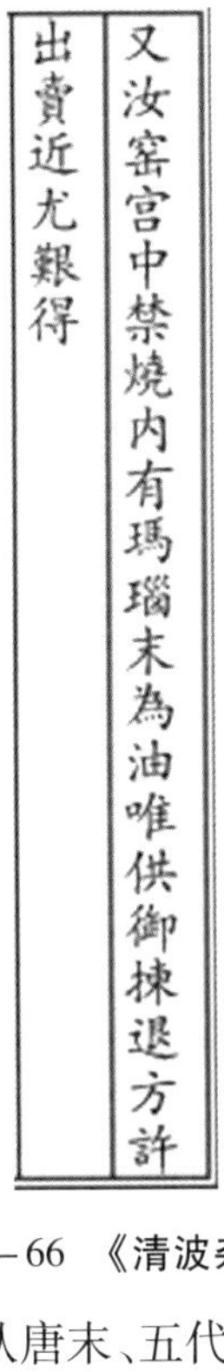
又汝窯宮中禁燒內有瑪瑙末為油唯供御揀退方許
出賣近尤艱得

图 5－66　《清波杂志》

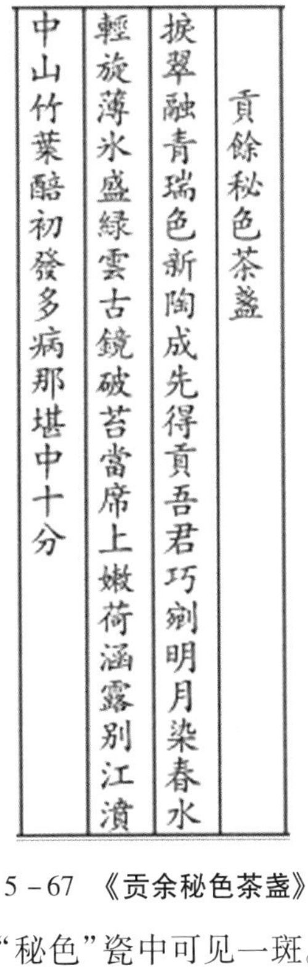
貢餘秘色茶盞
捩翠融青瑞色新陶成先得貢吾君巧剜明月染春水
輕旋薄冰盛緑雲古鏡破苔當席上嫩荷涵露別江濆
中山竹葉醅初發多病那堪中十分

图 5－67　《贡余秘色茶盏》诗

这一点,我们从唐末、五代及宋朝越窑瓷中的正品“秘色”瓷中可见一斑。唐末五代诗人徐夤《贡余秘色茶盏》诗中的“捩翠融青瑞色新,陶成先得贡吾君”(图 5－67)便指此而言。1987 年,陕西法门寺地宫出土的 14 件秘色瓷器,为唐懿宗转送于法门寺,供奉佛骨真身舍利随葬所用,地宫封闭时间为咸通十五年(874 年)。这 14 件瓷器,是从越窑进御瓷中精选出来的,是越窑瓷的精华。《吴越备史》《十国春秋》等均有越窑“秘色瓷”进贡的记载,《宋会要辑稿 · 蕃夷》载:“(开宝)六年(973 年)二月十二日……两浙节度使钱惟浚……又进……金棱秘色瓷器百五十事。"

宋时定窑、耀州窑的情形也是如此。

定窑进贡瓷器,事载明万历二十七年(1599 年)刻本《吴越备史》卷六:"(太平兴国五年)九月十一日,王进朝谢于崇德殿,复上金装定器二千事。"(图 5 – 68)但定窑所产,绝大部分还是民用和商业用瓷。光绪三十年(1904 年)版《重修曲阳县志》卷十二记载天成元年(926 年)曲阳王子山碑重修一事时有"贩瓷器客"说:"愚尝谓此山中乃境中绝胜之所也,然有记事之碑,经其雨雪,字体亏残,愚虽不达,恻然悯之,于是请匠以重镌之……时宋宣和二年庚子八月十五日中山府贩瓷器客赵仙重修记。"定窑贡瓷也有考古出土实物为证:"1984 至 1985 年,河南宋太宗元德李后陵发掘出土的能复原的定窑白瓷 37 件,其中带有'官'字款的 16 件。元德李后,宋太宗赵光义之妃,宋真宗赵恒之母,死于太平兴国二年(公元 977 年)。初葬于普安院,23 年之后的咸平三年(公元 1000 年),真宗继位后迁葬于宋太宗永熙陵的西北。陵墓中出土的定窑白瓷表明,最迟在太平兴国年间定窑已经为宫廷烧造瓷器。这批器物共有瓷盘 26 件,瓷碗 11 件,胎薄质坚,釉色莹润,造型精巧,使我们有幸目睹了定窑贡瓷的真实面貌。"[50]

图 5 – 68 《吴越备史》中的记载

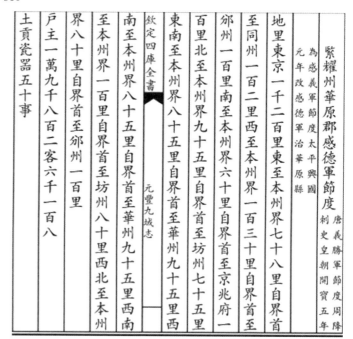

图 5 – 69 《元丰九域志》中的记载

耀州窑是宋代烧制青瓷的名窑,宋代也曾向朝廷进贡过瓷器。宋王存《元丰九域志》卷三载,耀州华原郡"土贡瓷器五十事"(图 5 – 69);元脱脱等撰《宋史·地理志》卷三载,"耀州……贡瓷器"(图 5 – 70);元陶宗仪《辍耕录》载,"本朝(宋朝)以定州白瓷器有芒不堪用,遂命汝州造青窑器,故河北唐、邓、耀州悉有之,汝窑为魁"(图 5 – 71)。正因为耀州所出瓷器,精美之极,以致可供进贡,宋地方官建碑以祈天佑之:"宋熙宁中,知州阎公作奏

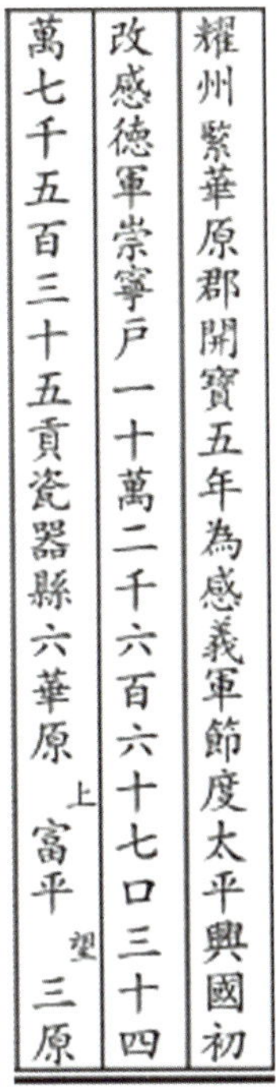

图 5-70　《宋史·地理志》卷三

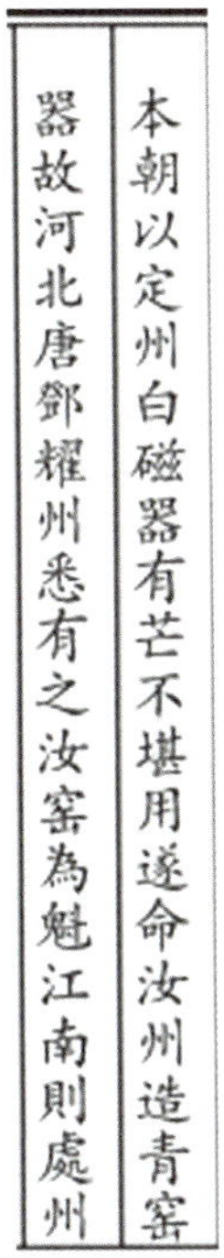

万七千五百三十五贡瓷器县六华原〔上〕富平〔型〕三原

改感德军崇宁户一十万二千六百六十七口三十四

耀州紫华原郡开宝五年为感义军节度太平兴国初

图 5-71　《辍耕录》中的记载

器故河北唐邓耀州悉有之汝窑为魁江南则处州

本朝以定州白磁器有芒不堪用遂命汝州造青窑

以镇土山神封德应侯,以陶冶著灵应故也。"(《耀州志》,明代李廷宝修、乔世宁纂)考古发现宋时耀州窑烧制带有龙、凤纹样及其形制的制品,"1953 年北京广安门外出土的 300 余件带有龙凤纹饰的青瓷,无论制作之规矩,釉面之润泽,釉色之纯正,花纹之精美,均与窑址发掘出来的器底刻有'龙'字的贡瓷完全一样,可视为耀瓷的代表"[51]。

耀州窑生产量很大,据《同官县志》载,"北沿河十里,皆其陶冶之地,所谓十里窑场是也"。"居人以陶器为利,赖之谋生。"(《宋耀州太守阎公奏封德应侯之碑》)其制品"极粗朴不佳,惟食肆以其耐久,多用之"(陆游《老学庵笔记》)。

注释:

[1]廖奔.宋艺术论[J].文艺研究,2002(1):75-76.

[2]徐复观.中国艺术精神[M].北京:商务印书馆,2010:346.

[3]张朋川.黄土上下:美术考古文萃[M].上海:上海三联书店,2020:327-328.

[4]杭间.中国工艺美学史[M].北京:人民美术出版社,2007:103.

[5]同[4].

[6]同[4]104.

[7]田自秉.中国工艺美术史[M].北京:知识出版社,1985:257.

[8]宗白华.美学的散步[M].北京:人民文学出版社,2022:69.

[9]刘涛.宋瓷的意味之美:兼评中国古陶瓷审美中的一种倾向[J].东方艺术,1996(1):35.

［10］赵自强.柴窑与湖田窑［M］.南宁:广西美术出版社,2004.

［11］同［4］108.

［12］同［4］106.

［13］李泽厚,刘纲纪.中国美学史［M］.合肥:安徽文艺出版社,1999:47.

［14］同［7］

［15］徐书城,徐建融.中国美术史:宋代卷　下［M］.济南:齐鲁书社,2000:229.

［16］《礼记》所载玉之"十一德"说为:"夫昔者君子比德于玉焉,温润而泽,仁也;缜密以栗,知也;廉而不刿,义也;垂之如坠,礼也;叩之,其声清越以长,其终诎然,乐也;瑕不掩瑜,瑜不掩瑕,忠也;孚尹旁达,信也;气如白虹,天也;精神见于山川,地也;圭璋特达,德也;天下莫不贵者,道也。"

［17］《管子》所载玉之"九德"说为:"夫玉之所贵者,九德出焉:夫玉温润以泽,仁也;邻以理者,知也;坚而不蹙,义也;廉而不刿,行也;鲜而不垢,洁也;折而不挠,勇也;瑕适皆见,精也;茂华光泽,并通而不相陵,容也;叩之,其音清搏彻远,纯而不杀,辞也。"

［18］《荀子》所载玉之"七德"说为:"温润而泽,仁也;栗而理,知也;坚刚而不屈,义也;廉而不刿,行也;折而不挠,勇也;瑕适并见,情也;扣之,其声清扬而远闻,其止辍然,辞也。"

［19］刘向《说苑》所载玉之"六美"为:"望之温润者,君子比德焉;近之栗理者,君子比智焉;声近徐而闻远者,君子比义焉;折而不挠,阙而不荏者,君子比勇焉;廉而不刿者,君子比仁焉;有瑕必见之于外者,君子比情焉。"

［20］许慎《说文解字》所载玉之"五德"说为:"石之美有五德,润泽以温,仁之方也;鳃理自外,可以知中,义之方也;其声舒扬,专以远闻,智之方也;不挠而折,勇之方也;锐廉而不忮,洁之方也。"

［21］杨伯达.中国古代玉器面面观［J］.故宫博物院院刊,1989(2):31.

［22］冯乃恩.古玉鉴藏［M］.长春:吉林科学技术出版社,2004:44.

［23］詹德隆.汉魏至唐宋时期的玉礼器初探(续)［J］.文博,1997(5):44.

［24］同［8］71.

［25］格鲁塞.中国的文明［M］.常任侠,袁学礼,译.合肥:黄山书社,1991:147-149.

［26］赵曰斌."饶玉"新证［J］.景德镇陶瓷,1990(4):33.

［27］高丰.中国器物艺术论［M］.太原:山西教育出版社,2001:190.

［28］同［27］187.

［29］许群.解读青瓷［J］.装饰,2004(10):61.

［30］城一夫.中国色彩的历史［J］.刘志国,译.陶瓷研究,1996,11(4):215.

［31］城一夫.色彩史话［M］.杭州:浙江人民出版社,1990:1.

［32］郑午昌.中国画学全史［M］.长春:吉林出版集团股份有限公司,2016:12.

［33］同［30］.

［34］同［27］253.

［35］程金城.中国陶瓷艺术论［M］.太原:山西教育出版社,2001:161.

［36］李广元.东方色彩研究［M］.哈尔滨:黑龙江美术出版社,1994:28.

［37］冯先铭.中国陶瓷鉴赏［M］.上海:上海古籍出版社,2004:404.

［38］同［15］227 - 228.

［39］陈炎.中国审美文化史:唐宋卷［M］.济南:山东画报出版社,2000:369 - 370.

［40］熊寥,熊微.中国陶瓷古籍集成［M］.上海:上海文化出版社,2006:4 - 5.

［41］李德金,蒋忠义,关甲堃.朝鲜新安海底沉船中的中国瓷器［J］.考古学报,1979(2):245 - 253.

［42］艾莫森,陈洁,倪密.瓷器贸易的曙光:白瓷与青白瓷［J］.秦大树,译.南方文物,2000(4):112.

［43］刘锡涛,肖云岭.江西宋代手工业经济发展概述［J］.井冈山师范学院学报(哲学社会科学版),2004,25(3):63.

［44］陈华文.论宋代城市民俗及对后世的影响［J］.浙江师大学报(社会科学版),2000,108(25):109 - 110.

［45］加藤繁.中国经济史考证:第一卷［M］.吴杰,译.北京:商务印书馆,1959:277.

［46］刘念兹.南宋饶州瓷俑小议［J］.文物,1979(4):25.

［47］万良田.江西丰城发现元影青雕塑戏台式瓷枕［J］.文物,1984(8):83.

［48］彭适凡,彭涛.从胡人牵马瓷俑谈宋代景德镇瓷器的外销［J］.中华文化论坛,1995(1):68.

［49］同［1］81.

［50］刘兰华.唐宋以来宫廷用瓷的来源与烧造［J］.中原文物,1996(2):114.

［51］同［50］115.

第六章　宋代景德镇青白瓷标本品鉴

一、杯类

1.品名:宋代青白釉盏杯

尺寸:高6.5厘米,口沿直径7.1厘米。

窑口:银坑坞窑址。

年代:南宋。

标本描述:小高足杯,直腹直口,内底积釉,釉色莹亮,素面无纹。

标本图片:

修复后的图片:

2.品名:宋代青白釉盏杯

尺寸:高6.6厘米,口沿直径7.0厘米。

窑口:银坑坞窑址。

年代:南宋。

标本描述:小高足杯,直腹敞口,呈椭圆状;口沿处有塌陷;内底积釉,釉色莹润,素面无纹。

标本图片:

修复后的图片：

3. 品名：宋代青白釉盏杯

尺寸：高5.2厘米，口沿直径6.8厘米。

窑口：银坑坞窑址。

年代：北宋。

标本描述：小高足杯，直口曲腹，器型小巧，釉色莹亮，素面无纹。

标本图片：

修复后的图片：

4. 品名：宋代青白釉盏杯

尺寸：高5.1厘米，口沿直径5.9厘米。

窑口:银坑坞窑址。

年代:北宋。

标本描述:小高足杯,直腹直口,器型小巧,釉色莹润,素面无纹。

标本图片:

修复后的图片:

5.品名:宋代青白釉花口杯

尺寸:高5.2厘米,口沿直径6.8厘米。

窑口:银坑坞窑址。

年代:北宋。

标本描述:花口小杯,顶部略不齐,圈足,釉色青灰。

标本图片:

修复后的图片:

6.品名:宋代青白釉盏杯

尺寸:高5.5厘米,口沿直径7.5厘米。

窑口:银坑坞窑址。

年代:北宋。

标本描述:曲腹敞口,器型小巧,釉色青灰。

标本图片:

修复后的图片:

7.品名:宋代青白釉盏杯

尺寸:高4.6厘米,口沿直径8.9厘米。

窑口:银坑坞窑址。

年代:北宋。

标本描述:曲腹,敞口,圈足;器型小巧,釉色青灰,素面无纹,风格朴实。

标本图片:

修复后的图片：

8. 品名：宋代青白釉盏杯

尺寸：高4.6厘米，口沿直径8.9厘米。

窑口：银坑坞窑址。

年代：北宋。

标本描述：葵口小杯，直腹敞口，釉色偏白，素面无纹。

标本图片：

修复后的图片：

9.品名:宋代青白釉盏杯

尺寸:高5.4厘米,口沿直径7.4厘米。

窑口:银坑坞窑址。

年代:南宋。

标本描述:曲腹,直口,平底,碗底积釉;器型小巧,釉色青灰,素面无纹。

标本图片:

修复后的图片:

10.品名:宋代青白釉盏杯

尺寸:高5.4厘米,口沿直径6.6厘米。

窑口:银坑坞窑址。

年代:北宋。

标本描述:小高足杯,釉色偏白,素面无纹。

标本图片:

修复后的图片:

11.品名:宋代青白釉盏杯

尺寸:高6.0厘米,口沿直径3.4厘米。

窑口:盈田窑址。

年代:北宋。

标本描述:直腹,敞口,圈足;器型小巧,釉色偏白,素面无纹。

标本图片:

修复后的图片:

12.品名:宋代青白釉盏杯

尺寸:高5.2厘米,口沿直径6.7厘米。

窑口:银坑坞窑址。

年代:北宋。

标本描述:小高足杯,曲腹直口,口沿向一边倾斜;釉色偏白,素面无纹。

标本图片:

修复后的图片：

13. 品名：宋代青白釉盏杯

尺寸：高 5.0 厘米，口沿直径 6.7 厘米。

窑口：盈田窑址。

年代：北宋。

标本描述：小高足杯，曲腹敞口，釉色偏白，素面无纹。

标本图片：

修复后的图片：

14. 品名：宋代青白釉盏杯

尺寸：高 5.5 厘米，口沿直径 6.9 厘米。

窑口:银坑坞窑址。

年代:北宋。

标本描述:曲腹直口,釉色青灰,素面无纹。

标本图片:

修复后的图片:

15. 品名:宋代青白釉盏杯

尺寸:高4.5厘米,口沿直径6.4厘米。

窑口:银坑坞窑址。

年代:南宋。

标本描述:直腹,敞口,平底;器型小巧,器型偏白。

标本图片:

修复后的图片:

16.品名:宋代青白釉盏杯

尺寸:高6.4厘米,口沿直径3.5厘米。

窑口:银坑坞窑址。

年代:北宋。

标本描述:小高足杯,口沿有轻微塌陷;器型小巧,釉色青灰。

标本图片:

修复后的图片:

17.品名:宋代青白釉盏杯

尺寸:高5.3厘米,口沿直径6.8厘米。

窑口:银坑坞窑址。

年代:北宋。

标本描述:曲腹,敞口,足上窄下宽;器型小巧,釉色偏黄,素面无纹。

标本图片:

修复后的图片:

18.品名:宋代青白釉盏杯

尺寸:高4.9厘米,口沿直径6.6厘米。

窑口:银坑坞窑址。

年代:北宋。

标本描述:直腹,敞口,圈足;釉色青灰,素面无纹。

标本图片:

修复后的图片:

19. 品名:宋代青白釉盏杯

尺寸:高 5.5 厘米,口沿直径 4.0 厘米。

窑口:银坑坞窑址。

年代:北宋。

标本描述:大瓣葵口小杯,直腹,敞口,圈足;表面刻花,釉色莹亮。

标本图片:

修复后的图片:

20. 品名:宋代青白釉盏杯

尺寸:高 6.7 厘米,口沿直径 3.5 厘米。

窑口:银坑坞窑址。

年代:北宋。

标本描述:小高足杯,直腹敞口,口沿略有塌陷,呈椭圆状;釉色青灰,素面无纹。

标本图片:

修复后的图片:

21.品名:宋代青白釉刻花盏杯

尺寸:高5.4厘米,口沿直径6.6厘米。

窑口:银坑坞窑址。

年代:北宋。

标本描述:小高足杯,釉色偏白,外部刻花。

标本图片:

修复后的图片:

22.品名:宋代青白釉盏杯

尺寸:高4.9厘米,口沿直径3.4厘米。

窑口:银坑坞窑址。

年代:北宋。

标本描述:小高足杯,曲腹直口,釉色青灰,素面无纹。

标本图片:

修复后的图片：

23.品名:宋代青白釉盏杯

尺寸:高5.1厘米,口沿直径7.1厘米。

窑口:银坑坞窑址。

年代:北宋。

标本描述:小高足杯,曲腹敞口,釉色偏黄,素面无纹。

标本图片：

修复后的图片：

24.品名:宋代青白釉盏杯

尺寸:高4.7厘米,口沿直径7.3厘米。

窑口:银坑坞窑址。

年代:北宋。

标本描述:圈足,口沿呈椭圆形;器型小巧,釉色青灰。

标本图片:

修复后的图片:

25.品名:宋代青白釉盏杯

尺寸:高6.6厘米,口沿直径6.9厘米。

窑口:银坑坞窑址。

年代:北宋。

标本描述:口沿略不平,器型小巧,釉色偏白。

标本图片:

修复后的图片:

26. 品名:宋代青白釉盏杯

尺寸:高 6.9 厘米,口沿直径 3.1 厘米。

窑口:银坑坞窑址。

年代:北宋。

标本描述:直腹直口,口沿略有塌陷,呈椭圆状;釉色青灰,素面无纹。

标本图片:

修复后的图片:

27. 品名:宋代青白釉盏杯

尺寸:高 5.7 厘米,口沿直径 3.9 厘米。

窑口:银坑坞窑址。

年代:北宋。

标本描述:直腹敞口,外有圈纹,釉色莹亮。

标本图片:

修复后的图片：

28. 品名：宋代青白釉盏杯

尺寸：高 5.8 厘米，口沿直径 7.5 厘米。

窑口：银坑坞窑址。

年代：北宋。

标本描述：小高足杯，顶部有塌陷，釉色青灰。

标本图片：

修复后的图片：

29.品名:宋代酱釉斗笠盏

尺寸:高4.3厘米,口沿直径11.3厘米。

窑口:银坑坞窑址。

年代:北宋。

标本描述:直腹,敞口,平底,底无釉;釉色呈酱油色,素面无纹。

标本图片:

修复后的图片:

30.品名:宋代青白釉盏杯

尺寸:高4.5厘米,口沿直径3.4厘米。

窑口:银坑坞窑址。

年代:北宋。

标本描述:小高足杯,口沿因塌陷呈椭圆形;底部积釉,釉色莹润。

标本图片:

修复后的图片:

31. 品名:宋代酱釉盏

尺寸:高4.5厘米,口沿直径11.0厘米。

窑口:银坑坞窑址。

年代:北宋。

标本描述:曲腹,直口,圈足;釉色酱黑,底部无釉。

标本图片:

修复后的图片:

32. 品名:宋代酱釉小盏杯

尺寸:高5.9厘米,口沿直径7.0厘米。

窑口:银坑坞窑址。

年代:北宋。

标本描述:直腹,直口,釉色呈黑色,器型小巧。

标本图片:

修复后的图片：

二、茶盏类

1.品名:宋代青白釉盏托

尺寸:高 3.6 厘米,器身直径 11.7 厘米,器底直径 6.7 厘米。

窑口:银坑坞窑址。

年代:北宋。

标本描述:器型规整,内托为直口,釉色偏白。

标本图片:

修复后的图片：

2. 品名:宋代青白釉盏托

尺寸:高4.3厘米,器身直径12.9厘米,器底直径8.0厘米。

窑口:银坑坞窑址。

年代:北宋。

标本描述:器型方正,托杯为敛口,小圈足,釉色青灰。

标本图片:

修复后的图片:

3. 品名:宋代青白釉盏托

尺寸:高3.4厘米,器身直径12.2厘米,器底直径7.0厘米。

窑口:银坑坞窑址。

年代:北宋。

标本描述:器型规整,内托为直口,底部有一小洞。

标本图片:

修复后的图片：

4.品名:宋代青白釉盏托

尺寸:高3.8厘米,器身直径11.3厘米,器底直径7.0厘米。

窑口:银坑坞窑址。

年代:北宋。

标本描述:器型规整,内托为直口,底部有一小洞,釉色青灰。

标本图片:

修复后的图片：

5.品名:宋代青白釉盏托

尺寸:高4.8厘米,器身直径12.4厘米,器底直径5.5厘米。

窑口:银坑坞窑址。

年代:北宋。

标本描述:器型规整,敛口,底部有孔,釉色偏灰。

标本图片:

修复后的图片:

6.品名:宋代青白釉盏托

尺寸:高3.5厘米,器身直径11.9厘米,器底直径6.8厘米。

窑口:银坑坞窑址。

年代:北宋。

标本描述:器型小巧、规整,釉色青灰。

标本图片:

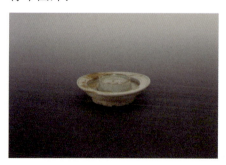 

修复后的图片:

7. 品名:宋代青白釉盏托

尺寸:高3.0厘米,器身直径12.0厘米,器底直径6.5厘米。

窑口:银坑坞窑址。

年代:北宋。

标本描述:器型规整,内托为直口。

标本图片:

修复后的图片:

8. 品名:宋代青白釉盏托

尺寸:高4.2厘米,器身直径12.5厘米,器底直径6.9厘米。

窑口:银坑坞窑址。

年代:北宋。

标本描述:器型规整,上托为敛口,釉色偏白。

标本图片:

修复后的图片：

9.品名:宋代青白釉盏托

尺寸:高3.6厘米,器身直径11.8厘米,器底直径7.0厘米。

窑口:银坑坞窑址。

年代:北宋。

标本描述:器型规整,内托为直口,底部中心有一小洞,釉色青灰。

标本图片：

修复后的图片：

10. 品名:宋代青白釉盏托

尺寸:高 4.3 厘米,器身直径 12.7 厘米,器底直径 7.2 厘米。

窑口:银坑坞窑址。

年代:北宋。

标本描述:器型规整,内托为直口,底部中心有一小洞,釉色青灰。

标本图片:

修复后的图片:

11. 品名:宋代青白釉盏托

尺寸:高 3.6 厘米,器身直径 12.0 厘米,器底直径 7.1 厘米。

窑口:银坑坞窑址。

年代:北宋。

标本描述:器型规整,内托为直口,底部中心有一小洞,釉色青灰。

标本图片:

修复后的图片:

12. 品名:宋代青白釉盏托

尺寸:高3.7厘米,器身直径11.5厘米,器底直径6.8厘米。

窑口:银坑坞窑址。

年代:北宋。

标本描述:边有窑渣残余;内托为直口,与中心略偏移;底部中心有一小洞;釉色青灰。

标本图片:

修复后的图片:

13. 品名:宋代青白釉盏托

尺寸:高3.5厘米,器身直径12.0厘米,器底直径6.5厘米。

窑口:银坑坞窑址。

年代:北宋。

标本描述:器型规整,内托为敛口,底部中心有一小洞,釉色青灰。

标本图片:

修复后的图片：

14. 品名：宋代青白釉盏托

尺寸：高 3.0 厘米,器身直径 11.7 厘米,器底直径 6.5 厘米。

窑口：银坑坞窑址。

年代：北宋。

标本描述：器型规整,内托为直口,边有窑渣残余,底部中心有一小洞,釉色青灰。

标本图片：

修复后的图片：

15. 品名:宋代青白釉盏托

尺寸:高 3.3 厘米,器身直径 10.9 厘米,器底直径 7.1 厘米。

窑口:银坑坞窑址。

年代:北宋。

标本描述:器型扁平,内托不在正中,釉色偏白。

标本图片:

修复后的图片:

16. 品名:宋代青白釉盏托

尺寸:高 3.3 厘米,器身直径 11.7 厘米,器底直径 6.9 厘米。

窑口:银坑坞窑址。

年代:北宋。

标本描述:内托与中心略微偏移,底部有洞,釉色青灰。

标本图片:

修复后的图片:

17. 品名:宋代青白釉盏托

尺寸:高3.3厘米,器身直径11.9厘米,器底直径6.9厘米。

窑口:银坑坞窑址。

年代:北宋。

标本描述:底部有洞,釉色莹润。

标本图片:

修复后的图片:

18. 品名:宋代青白釉盏托

尺寸:高3.0厘米,器身直径11.3厘米,器底直径6.7厘米。

窑口:银坑坞窑址。

年代:北宋。

标本描述:内托与中心略微偏移,底部有洞,釉色青灰。

标本图片:

修复后的图片:

19. 品名:宋代青白釉盏托

尺寸:高4.5厘米,器身直径11.5厘米,器底直径6.7厘米。

窑口:银坑坞窑址。

年代:北宋。

标本描述:内托与中心略微偏移;底部有洞,且与垫饼粘连;釉色青灰。

标本图片:

修复后的图片:

20.品名:宋代青白釉盏托

尺寸:高 4.4 厘米,器身直径 12.7 厘米,器底直径 7.4 厘米。

窑口:银坑坞窑址。

年代:北宋。

标本描述:内托与中心略微偏移,底部有洞,釉色青灰。

标本图片:

修复后的图片:

21.品名:宋代青白釉盏托

尺寸:高 8.0 厘米,器身直径 13.8 厘米,器底直径 6.9 厘米。

窑口:银坑坞窑址。

年代:北宋。

标本描述:内托与中心略微偏移,底部有洞,釉色青灰。

标本图片:

修复后的图片:

22. 品名:宋代青白釉盏托

尺寸:高3.7厘米,器身直径10.5厘米,器底直径6.9厘米。

窑口:银坑坞窑址。

年代:北宋。

标本描述:内托与中心略微偏移,底部有洞,釉色青灰。

标本图片:

修复后的图片:

23. 品名:宋代青白釉盏托

尺寸:高3.4厘米,器身直径12.5厘米,器底直径7.3厘米。

窑口:银坑坞窑址。

年代:北宋。

标本描述:内托缺失,底部有洞,釉色青灰。

标本图片:

修复后的图片:

24.品名:宋代青白釉盏托

尺寸:高4.2厘米,器身直径11.7厘米,器底直径7.0厘米。

窑口:银坑坞窑址。

年代:北宋。

标本描述:底部有洞,釉色青灰。

标本图片:

修复后的图片:

25.品名:宋代青白釉盏托

尺寸:高3.8厘米,器身直径11.5厘米,器底直径6.7厘米。

窑口:银坑坞窑址。

年代:北宋。

标本描述:内托与中心略微偏移,底部有洞,釉色青灰。

标本图片:

修复后的图片:

26.品名:宋代青白釉盏托

尺寸:高3.1厘米,器身直径11.7厘米,器底直径7.0厘米。

窑口:银坑坞窑址。

年代:北宋。

标本描述:内托与中心略微偏移,底部有洞,釉色青灰。

标本图片:

修复后的图片:

27. 品名:宋代青白釉盏托

尺寸:高 7.8 厘米,器身直径 12.7 厘米,器底直径 7.1 厘米。

窑口:银坑坞窑址。

年代:北宋。

标本描述:底部有洞,釉色青灰。

标本图片:

修复后的图片:

28. 品名:宋代青白釉盏托

尺寸:高 4.7 厘米,器身直径 11.6 厘米,器底直径 6.8 厘米。

窑口:银坑坞窑址。

年代:北宋。

标本描述:内托与中心略微偏移,底部有洞,釉色青灰。

标本图片:

修复后的图片：

29.品名:宋代青白釉盏托

尺寸:高 3.0 厘米,器身直径 11.9 厘米,器底直径 7.1 厘米。

窑口:银坑坞窑址。

年代:北宋。

标本描述:内托与中心略微偏移,底部有洞,釉色青灰。

标本图片:

修复后的图片：

30.品名:宋代青白釉盏托

尺寸:高5.3厘米,器身直径12.0厘米,器底直径6.3厘米。

窑口:银坑坞窑址。

年代:北宋。

标本描述:底部有洞,釉色青灰。

标本图片:

修复后的图片:

31.品名:宋代青白釉盏托

尺寸:高3.6厘米,器身直径12.1厘米,器底直径7.2厘米。

窑口:银坑坞窑址。

年代:北宋。

标本描述:内托与中心略微偏移,边有窑渣残余,底部有洞,釉色青灰。

标本图片:

修复后的图片:

32.品名:宋代青白釉盏托

尺寸:高 4.3 厘米,器身直径 12.3 厘米,器底直径 7.3 厘米。

窑口:银坑坞窑址。

年代:北宋。

标本描述:内托与中心略微偏移,边不平,底部有洞,釉色青灰。

标本图片:

修复后的图片:

33.品名:宋代青白釉盏托

尺寸:高 3.3 厘米,器身直径 11.6 厘米,器底直径 7.3 厘米。

窑口:银坑坞窑址。

年代:北宋。

标本描述:内托与中心略微偏移,底部有洞,釉色青灰。

标本图片:

修复后的图片：

34.品名:宋代青白釉盏托

尺寸:高3.2厘米,器身直径12.3厘米,器底直径6.1厘米。

窑口:银坑坞窑址。

年代:北宋。

标本描述:无内托,底部有洞,釉色青灰。

标本图片:

修复后的图片：

35. 品名:宋代青白釉盏托

尺寸:高4.6厘米,器身直径12.4厘米,器底直径6.8厘米。

窑口:银坑坞窑址。

年代:北宋。

标本描述:底部有洞,釉色青灰。

标本图片:

修复后的图片:

36. 品名:宋代青白釉盏托

尺寸:高5.8厘米,器身直径12.1厘米,器底直径6.9厘米。

窑口:银坑坞窑址。

年代:北宋。

标本描述:内托与中心略微偏移,底部有洞,釉色青灰。

标本图片:

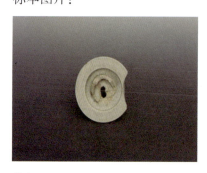

修复后的图片:

37.品名:宋代青白釉盏托

尺寸:高5.8厘米,器身直径11.5厘米,器底直径6.3厘米。

窑口:银坑坞窑址。

年代:北宋。

标本描述:整体被窑灰熏黑,内托与中心略微偏移,底部有洞,釉色青灰。

标本图片:

修复后的图片:

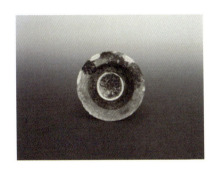

38.品名:宋代青白釉盏托

尺寸:高4.0厘米,器身直径11.7厘米,器底直径6.4厘米。

窑口:银坑坞窑址。

年代:北宋。

标本描述:内托与中心略微偏移,底部有洞,釉色青灰。

标本图片:

修复后的图片：

39. 品名：宋代青白釉盏托

尺寸：高 5.6 厘米,器身直径 8.2 厘米,器底直径 6.3 厘米。

窑口：银坑坞窑址。

年代：北宋。

标本描述：内托与中心略微偏移,底部有洞,釉色青灰。

标本图片：

修复后的图片：

40.品名:宋代青白釉盏托

尺寸:高6.0厘米,器身直径11.5厘米,器底直径6.7厘米。

窑口:银坑坞窑址。

年代:北宋。

标本描述:底部有洞,釉色青灰。

标本图片:

修复后的图片:

41.品名:宋代青白釉盏托

尺寸:高3.9厘米,器身直径9.5厘米,器底直径7.0厘米。

窑口:银坑坞窑址。

年代:北宋。

标本描述:敞口,小足,斜直壁;比饭碗小,比酒杯大。

标本图片:

修复后的图片:

42. 品名:宋代青白釉盏托

尺寸:高 4.0 厘米,器身直径 9.7 厘米,器底直径 6.5 厘米。

窑口:银坑坞窑址。

年代:北宋。

标本描述:器型规整,釉色青灰;内托为直口,底部中心有一小洞。

标本图片:

修复后的图片:

43. 品名:宋代青白釉盏托

尺寸:高 5.1 厘米,器身直径 12.4 厘米,器底直径 6.0 厘米。

窑口:银坑坞窑址。

年代:北宋。

标本描述:器型规整,釉色青灰;内托为直口,底部中心有一小洞。

标本图片:

修复后的图片:

44.品名:宋代青白釉盏托

尺寸:高3.9厘米,器身直径11.6厘米,器底直径7.1厘米。

窑口:银坑坞窑址。

年代:北宋。

标本描述:器型规整,釉色青灰;内托为直口,底部中心有一小洞。

标本图片:

修复后的图片:

45. 品名:宋代青白釉盏托

尺寸:高 6.2 厘米,器身直径 8.4 厘米,器底直径 3.4 厘米。

窑口:银坑坞窑址。

年代:北宋。

标本描述:小高足杯,直腹,敛口,顶部有塌陷痕迹;釉色青灰,素面无纹。

标本图片:

修复后的图片:

三、碟类

1. 品名:宋代青白釉小碟盘

尺寸:高 2.4 厘米,口沿直径 11.4 厘米,器底直径 8.4 厘米。

窑口:银坑坞窑址。

年代:北宋。

标本描述:器型扁平,敞口,平底,葵口,釉色青灰。

标本图片:

修复后的图片：

2. 品名：宋代青白釉小碟盘

尺寸：高 1.85 厘米，口沿直径 10.6 厘米，器底直径 4.1 厘米。

窑口：银坑坞窑址。

年代：北宋。

标本描述：器型小巧，口沿外折，釉色偏白；器身以划花装饰。

标本图片：

修复后的图片：

3. 品名：宋代青白釉小碟盘

尺寸：高 7.4 厘米，口沿直径 10.4 厘米，器底直径 4.0 厘米。

窑口：银坑坞窑址。

年代：北宋。

标本描述：口沿略不平，圈足，直腹，釉色青灰。

标本图片：

4. 品名:宋代青白釉葵口碟

尺寸:高 3.4 厘米,口沿直径 11.2 厘米,器底直径 5.1 厘米。

窑口:银坑坞窑址。

年代:北宋。

标本描述:葵口,平底,釉色莹润。

标本图片:

修复后的图片:

5. 品名:宋代青白釉葵口碟

尺寸:高 3.0 厘米,口沿直径 11.5 厘米,器底直径 5.8 厘米。

窑口:银坑坞窑址。

年代:北宋。

标本描述:器型扁平,釉色偏黄,表面有冰裂纹。

标本图片:

修复后的图片：

6.品名:宋代青白釉葵口碟

尺寸:高 3.0 厘米,口沿直径 11.5 厘米,器底直径 5.8 厘米。

窑口:银坑坞窑址。

年代:北宋。

标本描述:器型扁平,有葵口装饰,釉色偏黄,素面无纹,平底。

标本图片：

修复后的图片：

7. 品名:宋代青白釉碟

尺寸:高 2.9 厘米,口沿直径 11.6 厘米,器底直径 5.9 厘米。

窑口:银坑坞窑址。

年代:北宋。

标本描述:器型扁平,底部内凹,葵口,釉色青灰。

标本图片:

修复后的图片:

8. 品名:宋代青白釉碟

尺寸:高 2.6 厘米,口沿直径 10.1 厘米,器底直径 3.8 厘米。

窑口:银坑坞窑址。

年代:北宋。

标本描述:器型扁平,葵口,圈足,釉色偏白。

标本图片:

修复后的图片:

9. 品名:宋代青白釉碟

尺寸:高3.0厘米,口沿直径13.0厘米,器底直径6.0厘米。

窑口:银坑坞窑址。

年代:北宋。

标本描述:器型扁平,平底;底部有窑渣,口部有塌陷;釉色青灰。

标本图片:

修复后的图片:

10. 品名:宋代青白釉碟

尺寸:高3.0厘米,口沿直径12.5厘米,器底直径7.0厘米。

窑口:银坑坞窑址。

年代:北宋。

标本描述:器型扁平,平底;底部有窑渣,口部有塌陷;釉色青灰。

标本图片:

修复后的图片:

11. 品名:宋代青白釉花口小碟

尺寸:高 2.8 厘米,口沿直径 9.2 厘米,器底直径 4.8 厘米。

窑口:银坑坞窑址。

年代:北宋。

标本描述:器型扁平,葵口,平底;底部无釉,釉色呈蓝黑色。

标本图片:

修复后的图片:

12. 品名:宋代青白釉花口小碟

尺寸:高 2.9 厘米,口沿直径 11.1 厘米,器底直径 5.2 厘米。

窑口:银坑坞窑址。

年代:北宋。

标本描述:器型扁平,葵口,平底;釉色青灰,素面无纹。

标本图片:

修复后的图片:

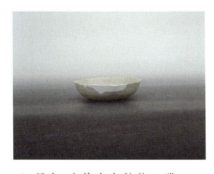 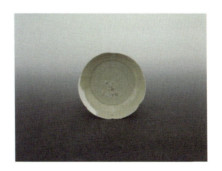

13. 品名:宋代青白釉葵口碟

尺寸:高 3.2 厘米,口沿直径 11.1 厘米,器底直径 5.5 厘米。

窑口:银坑坞窑址。

年代:北宋。

标本描述:器型扁平,平底;底部有窑渣,口部有塌陷;釉色青灰。

标本图片:

修复后的图片：

14. 品名：宋代青白釉花口碟盘

尺寸：高 2.7 厘米，口沿直径 10.3 厘米，器底直径 4.6 厘米。

窑口：银坑坞窑址。

年代：北宋。

标本描述：莲瓣口小碟，器型扁平，釉色青灰。

标本图片：

修复后的图片：

15. 品名：宋代青白釉碟盘

尺寸：高 3.2 厘米，口沿直径 12.4 厘米，器底直径 6.1 厘米。

窑口：银坑坞窑址。

年代：北宋。

标本描述：器型规整，敞口，直腹，平底，釉色青灰。

标本图片：

修复后的图片：

四、盖类

1. 品名：宋代青白釉碗盖

尺寸：高 4.3 厘米，器身直径 11.0 厘米。

窑口：银坑坞窑址。

年代：北宋。

标本描述：器型扁平，内部无釉，外部中心有一拱形纽。

标本图片：

修复后的图片：

2.品名:宋代青白釉碗盖

尺寸:高5.1厘米,器身直径12.1厘米。

窑口:银坑坞窑址。

年代:北宋。

标本描述:盖凸起,中有一纽,周围以三层圈纹绕之,釉色偏青。

标本图片:

修复后的图片:

3.品名:宋代青白釉碗盖

尺寸:高3.3厘米,器身直径8.2厘米。

窑口:银坑坞窑址。

年代:北宋。

标本描述:器型扁平,中间高、四周低,中心有一纽;外施釉,釉色青灰;内素胎。

标本图片:

修复后的图片:

4. 品名:宋代青白釉碗盖

尺寸:高 3.5 厘米,器身直径 11.8 厘米。

窑口:银坑坞窑址。

年代:北宋。

标本描述:器型扁平,外有划花纹饰,釉色青灰,内素胎,纽低。

标本图片:

修复后的图片:

5. 品名:宋代青白釉划花碗盖

尺寸:高 4.2 厘米,器身直径 10.1 厘米。

窑口:银坑坞窑址。

年代:北宋。

标本描述:器型扁平,外有划花纹饰,釉色偏灰,内素胎;纽呈"S"形。

标本图片:

修复后的图片：

6.品名:宋代青白釉划花碗盖

尺寸:高 4.2 厘米,器身直径 10.1 厘米。

窑口:银坑坞窑址。

年代:北宋。

标本描述:器型扁平,外有划花纹饰,釉色偏黄,内素胎,纽低。

标本图片：

修复后的图片：

7.品名:宋代青白釉汤瓶系盖

尺寸:高2.3厘米,器身直径6.9厘米。

窑口:盈田窑址。

年代:北宋。

标本描述:中间凹而四周高,中间有一纽,釉色偏白,边缘处有一绳孔。

标本图片:

修复后的图片:

8.品名:宋代青白釉汤瓶系盖

尺寸:高2.0厘米,器身直径6.7厘米。

窑口:盈田窑址。

年代:北宋。

标本描述:中间凹而四周高,中间有一纽,釉色偏白,上有瓷片塌陷碎片,边缘处有一绳孔。

标本图片:

修复后的图片：

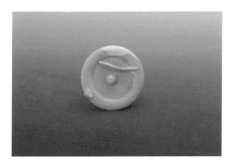

9. 品名：宋代青白釉划花碗盖

尺寸：高5.1厘米,器身直径8.7厘米。

窑口：盈田窑址。

年代：北宋。

标本描述：器型拱凸,外有刻花纹饰,中间有纽且呈两点状;釉色莹亮。

标本图片：

修复后的图片：

10. 品名：宋代青白釉汤瓶系盖

尺寸：高2.2厘米,器身直径6.5厘米。

窑口：银坑坞窑址。

年代：北宋。

标本描述：单盖,中部凹陷,边有绳系,中有小纽,釉色青灰。

标本图片：

11.品名:宋代青白釉汤瓶系盖

尺寸:高 2.3 厘米,器身直径 7.2 厘米。

窑口:盈田窑址。

年代:北宋。

标本描述:单盖,四周高而中间凹,中有一纽;釉色青灰,素面无纹。

标本图片:

修复后的图片:

12.品名:宋代青白釉刻花碗盖

尺寸:高 3.6 厘米,器身直径 9.4 厘米。

窑口:银坑坞窑址。

年代:北宋。

标本描述:器型扁平,中有一纽,外有刻花纹饰;釉色莹亮;内素胎。

标本图片:

修复后的图片：

13. 品名：宋代青白釉刻花碗盖

尺寸：高 3.5 厘米,器身直径 11.6 厘米。

窑口：盈田窑址。

年代：北宋。

标本描述：器型扁平,中有一纽;有轻微刻花装饰;外施釉,内素胎。

标本图片：

修复后的图片：

14. 品名:宋代青白釉划花碗盖

尺寸:高 3.7 厘米,器身直径 11.7 厘米。

窑口:银坑坞窑址。

年代:北宋。

标本描述:器型扁平,中有一纽,外有刻花装饰,内素胎。

标本图片:

修复后的图片:

15. 品名:宋代青白釉汤瓶系盖

尺寸:高 2.0 厘米,器身直径 7.8 厘米。

窑口:银坑坞窑址。

年代:北宋。

标本描述:盖处略不平,有一绳系;凹处有一凸起钉状物;釉色莹亮;器型小巧。

标本图片:

修复后的图片:

16. 品名:宋代青白釉刻花碗盖

尺寸:高 13.5 厘米,器身直径 12.3 厘米。

窑口:银坑坞窑址。

年代:北宋。

标本描述:器型扁平,中有一纽;表面施釉,釉色青灰;内素胎。

标本图片:

修复后的图片:

17. 品名:宋代青白釉刻花碗盖

尺寸:高 3.3 厘米,器身直径 12.0 厘米。

窑口:银坑坞窑址。

年代:北宋。

标本描述:器型扁平,器壁较薄,中间有纽;表面有刻花,釉色莹润。

标本图片:

修复后的图片：

18. 品名：宋代青白釉刻花碗盖

尺寸：高3.5厘米,器身直径13.4厘米。

窑口：银坑坞窑址。

年代：北宋。

标本描述：器型扁平,中间有纽,纽呈拱形;外侧施釉,釉色偏白,内部素胎;器壁较薄,表面有刻花纹饰。

标本图片：

修复后的图片：

19. 品名:宋代青白釉划花碗盖

尺寸:高 3.5 厘米,器身直径 10.7 厘米。

窑口:银坑坞窑址。

年代:北宋。

标本描述:器型扁平,中有一纽;外部釉色偏白,内部无釉。

标本图片:

修复后的图片:

20. 品名:宋代青白釉刻花碗盖

尺寸:高 3.7 厘米,器身直径 11.8 厘米。

窑口:银坑坞窑址。

年代:北宋。

标本描述:器型扁平,中有一纽;釉色青灰,内部无釉。

标本图片:

修复后的图片:

五、罐类

1. 品名：宋代青白釉单系鸟食罐

尺寸：高 2.4 厘米。

窑口：银坑坞窑址。

年代：北宋。

标本描述：杯状，外有刻纹以及一绳系；釉色莹亮。

标本图片：

修复后的图片：

2. 品名：宋代青白釉单系鸟食罐

尺寸：高 3.6 厘米。

窑口：湖田窑窑址。

年代：北宋。

标本描述：鸡心状，肩部内收，敛口；釉色莹亮，素面无纹。

标本图片：

修复后的图片：

3. 品名：宋代青白釉刻莲瓣纹小罐

尺寸：高 2.4 厘米。

窑口：湖田窑窑址。

年代：北宋。

标本描述：残半边，直腹，鼓肩，口沿处收窄；内外皆施釉，外有筋纹装饰；釉色青灰。

标本图片：

修复后的图片：

六、盒

1. 品名:宋代青白釉子母盒

尺寸:高 3.2 厘米。

窑口:银坑坞窑址。

年代:北宋。

标本描述:器型扁平,釉色青灰;母盒内含三个小盒,中间以捏塑花卉作装饰;缺盖。

标本图片:

修复后的图片:

2. 品名:宋代青白釉粉盒

尺寸:高 1.9 厘米。

窑口:银坑坞窑址。

年代:北宋。

标本描述:单盒,仅剩半边;内外满釉,釉色莹润;侧面饰以莲瓣纹。

标本图片:

修复后的图片:

3.品名:宋代青白釉粉盒

尺寸:高1.9厘米。

窑口:银坑坞窑址。

年代:北宋。

标本描述:腰宽而上下较细;周身饰以莲瓣纹;釉色青灰,素面无纹;内素胎;缺盖。

标本图片:

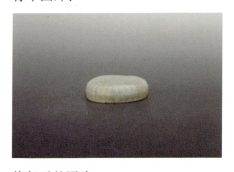

修复后的图片:

4.品名:宋代青白釉粉盒

尺寸:高3.8厘米。

窑口:银坑坞窑址。

年代:北宋。

标本描述:内有三旋条,之间的空隙用于放置子盒;内外施釉,釉色偏白;缺盖。

标本图片:

七、俑类

1. 品名：宋代青白釉动物雕塑

尺寸：长 7.5 厘米，宽 3.3 厘米，高 6.6 厘米。

窑口：银坑坞窑址。

年代：北宋。

标本描述：捏塑小动物，器型小巧，釉色青灰。

标本图片：

2. 品名：宋代青德镇窑素胎瓷俑

尺寸：长 5.7 厘米，宽 4.6 厘米，高 12.1 厘米。

窑口：银坑坞窑址。

年代：北宋。

标本描述：素胎无釉；身材匀称；服饰以刻纹表现褶皱，布料以布压制成纹。

标本图片：

3. 品名:宋代青德镇窑素胎瓷俑

尺寸:长 5.1 厘米,宽 4.8 厘米,高 7.1 厘米。

窑口:银坑坞窑址。

年代:北宋。

标本描述:素胎无釉;身材矮小,坐姿;服饰以刻纹表现褶皱,衣纹较为简单;无头。

标本图片:

4. 品名:宋代青德镇窑素胎瓷俑

尺寸:长 4.6 厘米,宽 4.0 厘米,高 11.7 厘米。

窑口:银坑坞窑址。

年代:北宋。

标本描述:素胎无釉;身材匀称;服饰以刻纹表现褶皱,刻纹较为简单;无头。

标本图片:

5. 品名:宋代青德镇窑素胎瓷俑

尺寸:长 5.3 厘米,宽 4.1 厘米,高 13.7 厘米。

窑口:银坑坞窑址。

年代:北宋。

标本描述:素胎无釉;身材匀称,面部生动,动作自然;服饰以刻纹表现褶皱且在肌肤与衣服贴合处刻褶皱以表现层次感。

标本图片:

6. 品名:宋代青德镇窑素胎瓷俑

尺寸:长 6.3 厘米,宽 5.0 厘米,高 13.0 厘米。

窑口:银坑坞窑址。

年代:北宋。

标本描述:素胎无釉;身材匀称;服饰以刻纹表现褶皱且在肌肤与衣服贴合处刻褶皱以表现层次感;无头。

标本图片:

八、花浇

1. 品名:宋代青白釉花浇

尺寸:高 7.4 厘米,器底直径 7.4 厘米。

窑口:盈田窑址。

年代:北宋。

标本描述:器型低矮,小巧雅致,鼓腹;口沿为随性而捏;釉色青灰。

标本图片：

修复后的图片：

2. 品名：宋代青白釉花口瓶

尺寸：高 16.8 厘米，器底直径 7.1 厘米。

窑口：盈田窑址。

年代：北宋。

标本描述：鼓腹，高颈，花瓣形口沿，釉色青绿。

标本图片：

修复后的图片：

3.品名:宋代青白釉花浇

尺寸:高7.2厘米,器底直径6.4厘米。

窑口:银坑坞窑址。

年代:北宋。

标本描述:器型小巧,鼓腹,肩底收窄;口沿流处为捏造;釉色青灰,素面无纹。

标本图片:

 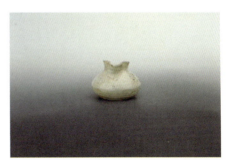

修复后的图片:

4.品名:宋代青白釉花浇

尺寸:高9.8厘米,器底直径5.3厘米。

窑口:银坑坞窑址。

年代:北宋。

标本描述:器型敦厚,腹部鼓圆;流为手捏;釉色青灰,素面无纹。

标本图片:

修复后的图片:

5. 品名:宋代青白釉花浇

尺寸:高 10.4 厘米,器底直径 5.9 厘米。

窑口:盈田窑址。

年代:北宋。

标本描述:器型小巧,口沿处严重塌陷,平底;釉色青灰。

标本图片:

6. 品名:宋代青白釉花浇

尺寸:高 11.3 厘米,器底直径 6.0 厘米。

窑口:盈田窑址。

年代:北宋。

标本描述:流缺失;腹部鼓圆;提梁呈直角状;釉色偏黄。

标本图片:

7. 品名:宋代青白釉花浇

尺寸:高 5.8 厘米,器底直径 6.1 厘米。

窑口:盈田窑址。

年代:北宋。

标本描述：器型扁平，底部与口部较窄，腹部突出，釉色青灰。

标本图片：

8.品名：宋代青白釉花浇

尺寸：高9.8厘米，器底直径5.3厘米。

窑口：盈田窑址。

年代：北宋。

标本描述：流为捏塑；腹部鼓圆，釉色偏黄。

标本图片：

9.品名：宋代青白釉花浇

尺寸：高11.3厘米，口沿直径5.3厘米，器底直径5.1厘米。

窑口：盈田窑址。

年代：北宋。

标本描述：溜肩，鼓腹；器物整体浑圆，通体施青白釉，釉色莹润，风格简约。

标本图片：

修复后的图片：

九、温碗

1. 品名：宋代青白釉温碗

尺寸：器底直径10.6厘米。

窑口：盈田窑址。

年代：北宋。

标本描述：色泽青白，有裂纹。

标本图片：

修复后的图片：

十、香炉

1. 品名：宋代青白釉香炉

尺寸：高6.0厘米，器身直径8.0厘米，器底直径5.9厘米。

窑口：盈田窑址。

年代：北宋。

标本描述：器型小巧，直腹，直口，器壁较厚；釉色偏青，素面无纹。

标本图片：

十一、渣斗

1. 品名：宋代青白釉渣斗

尺寸：高 7.8 厘米，器身直径 7.9 厘米，器底直径 3.4 厘米。

窑口：盈田窑址。

年代：北宋。

标本描述：施青白釉，口沿外撇，颈部有一圈支钉痕。

标本图片：

十二、碗类

1. 品名：宋代青白釉花口小碗

尺寸：高 4.3 厘米，口沿直径 10.4 厘米，器底直径 4.8 厘米。

窑口：银坑坞窑址。

年代：北宋。

标本描述：敞口为十瓣花口；腹部略有弧度；釉色青中透白；器型整体素雅。

标本图片：

修复后的图片:

2.品名:宋代青白釉花口小碗

尺寸:高4.3厘米,口沿直径11.9厘米,器底直径5.0厘米。

窑口:银坑坞窑址。

年代:北宋。

标本描述:花口,釉色青灰,边部有窑渣。

标本图片:

修复后的图片:

3.品名:宋代青白釉花口小碗

尺寸:高4.1厘米,口沿直径11.1厘米,器底直径4.5厘米。

窑口:银坑坞窑址。

年代:北宋。

标本描述:花口小碗,直腹,敞口,釉色青灰。

标本图片:

修复后的图片：

4.品名:宋代青白釉花口小碗

尺寸:高4.8厘米,口沿直径11.8厘米,器底直径4.7厘米。

窑口:银坑坞窑址。

年代:北宋。

标本描述:花口小碗,直腹,敞口,口沿有塌陷;釉色青灰;底部与垫饼粘连。

标本图片：

5.品名:宋代青白釉花口小碗

尺寸:高5.6厘米,口沿直径11.6厘米,器底直径4.5厘米。

窑口:银坑坞窑址。

年代:北宋。

标本描述:花口小碗,直腹,敞口;釉色青灰;底部与垫饼粘连。

标本图片：

6.品名:宋代青白釉花口小碗

尺寸:高4.6厘米,口沿直径12.0厘米,器底直径5.1厘米。

窑口:银坑坞窑址。

年代:北宋。

标本描述:花口小碗,直腹敞口,口沿有塌陷;釉色青灰。

标本图片:

7.品名:宋代青白釉直口小碗

尺寸:高4.2厘米,口沿直径11.2厘米,器底直径4.6厘米。

窑口:银坑坞窑址。

年代:北宋。

标本描述:器型扁平,腹部有气泡鼓起,圈足;釉色青灰。

标本图片:

8.品名:宋代青白釉花口小碗

尺寸:高4.7厘米,口沿直径11.2厘米,器底直径4.9厘米。

窑口:银坑坞窑址。

年代:北宋。

标本描述:花口小碗,直腹,敞口,内有窑渣,釉色青灰。

标本图片:

9.品名:宋代青白釉碗

尺寸:高5.0厘米,口沿直径11.6厘米,器底直径5.5厘米。

窑口:银坑坞窑址。

年代:北宋。

标本描述:直腹,敞口;口部与腹部有窑渣粘连;釉色莹亮。

标本图片:

10.品名:宋代酱釉斗笠碗

尺寸:高5.5厘米,口沿直径12.1厘米,器底直径4.2厘米。

窑口:银坑坞窑址。

年代:北宋。

标本描述:酱釉小碗,口部有塌陷,边部有窑渣粘连,底部与垫饼粘连。

标本图片:

11.品名:宋代青白釉花口小碗

尺寸:高5.1厘米,口沿直径13.8厘米,器底直径6.0厘米。

窑口:银坑坞窑址。

年代:北宋。

标本描述:花口小碗,直腹敞口,口部塌陷,釉色青灰。

标本图片:

12. 品名:宋代青白釉花口小碗

尺寸:高4.1厘米,口沿直径10.7厘米,器底直径5.0厘米。

窑口:银坑坞窑址。

年代:北宋。

标本描述:花口小碗,直腹敞口,釉色青灰。

标本图片:

修复后的图片:

13. 品名:宋代青白釉花口小碗

尺寸:高4.0厘米,口沿直径12.8厘米,器底直径6.0厘米。

窑口:银坑坞窑址。

年代:北宋。

标本描述:花口小碗,直腹敞口,釉色青灰。

标本图片：

修复后的图片：

14. 品名：宋代青白釉碗

尺寸：高 7.4 厘米,口沿直径 16.2 厘米,器底直径 6.9 厘米。

窑口：银坑坞窑址。

年代：北宋。

标本描述：敞口,直腹,圈足;腹部有破裂痕迹,釉色青灰。

标本图片：

修复后的图片：

15. 品名:宋代青白釉花口小碗

尺寸:高4.0厘米,口沿直径10.8厘米,器底直径3.8厘米。

窑口:银坑坞窑址。

年代:北宋。

标本描述:花口小碗,直腹敞口,釉色青灰,边部有窑渣。

标本图片:

修复后的图片:

16. 品名:宋代青白釉花口小碗

尺寸:高4.0厘米,口沿直径10.7厘米,器底直径4.5厘米。

窑口:银坑坞窑址。

年代:北宋。

标本描述:花口小碗,直腹敞口,釉色青灰,碗内有窑渣。

标本图片:

修复后的图片:

17. 品名:宋代青白釉花口小碗

尺寸:高 4.0 厘米,口沿直径 9.5 厘米,器底直径 3.5 厘米。

窑口:银坑坞窑址。

年代:北宋。

标本描述:花口小碗,曲腹敞口,釉色青灰。

标本图片:

修复后的图片:

18. 品名:宋代青白釉撇口碗

尺寸:高 5.4 厘米,口沿直径 15.9 厘米,器底直径 7.3 厘米。

窑口:银坑坞窑址。

年代:北宋。

标本描述:器型扁平,平底;底部有窑渣,口部有塌陷;釉色青灰。

标本图片:

修复后的图片:

19. 品名:宋代青白釉花口小碗

尺寸:高 4.0 厘米,口沿直径 11.2 厘米,器底直径 4.5 厘米。

窑口:银坑坞窑址。

年代:北宋。

标本描述:花口小碗,内部边缘有窑渣痕迹,釉色青灰。

标本图片:

修复后的图片:

20. 品名:宋代青白釉花口小碗

尺寸:高4.4厘米,口沿直径11.0厘米,器底直径4.7厘米。

窑口:银坑坞窑址。

年代:北宋。

标本描述:花口小碗,釉色青灰。

标本图片:

修复后的图片:

21. 品名:宋代青白釉花口小碗

尺寸:高4.5厘米,口沿直径11.0厘米,器底直径4.5厘米。

窑口:银坑坞窑址。

年代:北宋。

标本描述:花口小碗,口部有塌陷,釉色青灰。

标本图片:

修复后的图片:

22. 品名:元代青白釉刻花平足碗

尺寸:高5.8厘米,口沿直径16.5厘米,器底直径6.2厘米。

窑口:银坑坞窑址。

年代:元代。

标本描述:青釉大碗,曲腹,敞口,平底;内部有圈纹,外部有刻花。

标本图片:

23. 品名:宋代青白釉敞口碗

尺寸:高6.0厘米,口沿直径15.2厘米,器底直径4.5厘米。

窑口:银坑坞窑址。

年代:北宋。

标本描述:曲腹,敞口,圈足;器型较大,釉色偏黄。

标本图片:

24. 品名:宋代青白釉花口小碗

尺寸:高4.6厘米,口沿直径10.2厘米,器底直径4.8厘米。

窑口:银坑坞窑址。

年代:北宋。

标本描述:花口小碗,口沿处有塌陷,釉色青灰。

标本图片:

修复后的图片:

25. 品名:宋代青白釉敞口碗

尺寸:高4.1厘米,口沿直径13.0厘米,器底直径6.4厘米。

窑口:银坑坞窑址。

年代:北宋。

标本描述:器型扁平,敞口,曲腹,圈足,釉色青灰。

标本图片:

修复后的图片:

26.品名:宋代青白釉敞口碗

尺寸:高5.4厘米,口沿直径14.4厘米,器底直径6.4厘米。

窑口:盈田窑址。

年代:北宋。

标本描述:器型完整,敞口,腹部略有弧度;釉色偏青,素面无纹。

标本图片:

修复后的图片:

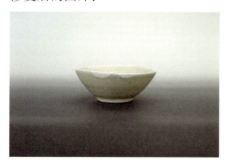

27.品名:宋代青白釉刻花碗

尺寸:高6.1厘米,口沿直径12.5厘米,器底直径5.2厘米。

窑口:银坑坞窑址。

年代:北宋。

标本描述:葵口,曲腹,圈足;表面刻花,下刀较深;釉色青白。

标本图片:

修复后的图片：

28. 品名：宋代青白釉刻花碗

尺寸：高 6.6 厘米，口沿直径 12.2 厘米，器底直径 5.3 厘米。

窑口：银坑坞窑址。

年代：北宋。

标本描述：敞口，直腹，圈足；外有刻花花卉纹饰，遍布器身；釉色青灰。

标本图片：

修复后的图片：

29. 品名：宋代青白釉唇口深腹碗

尺寸：高 10.2 厘米，口沿直径 15.7 厘米，器底直径 6.9 厘米。

窑口：银坑坞窑址。

年代：北宋。

标本描述：口沿与垫饼连接，圈足；有塌陷导致的不平；釉色偏白，素面无纹。

标本图片：

修复后的图片：

30. 品名：宋代青白釉碗

尺寸：高 4.5 厘米，口沿直径 11.7 厘米，器底直径 5.1 厘米。

窑口：盈田窑址。

年代：北宋。

标本描述：敞口，曲腹，圈足；釉色偏灰，素面无纹。

标本图片：

修复后的图片：

31. 品名:宋代青白釉花口小碗

尺寸:高 4.5 厘米,口沿直径 11.5 厘米,器底直径 4.3 厘米。

窑口:银坑坞窑址。

年代:北宋。

标本描述:花口,直腹;器型小巧,釉色莹亮,素面无纹。

标本图片:

修复后的图片:

32. 品名:宋代青白釉碗

尺寸:高 3.7 厘米,口沿直径 11.3 厘米,器底直径 4.9 厘米。

窑口:银坑坞窑址。

年代:北宋。

标本描述:敞口,直腹,圈足;釉色偏黄,素面无纹。

标本图片:

修复后的图片：

33. 品名：宋代青白釉花口小碗

尺寸：高 8.7 厘米，口沿直径 11.9 厘米，器底直径 5.9 厘米。

窑口：银坑坞窑址。

年代：北宋。

标本描述：花口偏敞，直腹；器型小巧，釉色偏青，素面无纹。

标本图片：

修复后的图片：

34. 品名：宋代青白釉花口小碗

尺寸：高 4.6 厘米，口沿直径 11.3 厘米，器底直径 4.6 厘米。

窑口:银坑坞窑址。

年代:北宋。

标本描述:花口小碗,敞口直腹,釉色青灰。

标本图片:

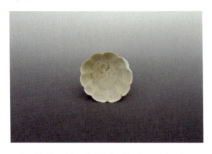 

35. 品名:宋代青白釉花口小碗

尺寸:高4.7厘米,口沿直径11.5厘米,器底直径4.7厘米。

窑口:银坑坞窑址。

年代:北宋。

标本描述:花口小碗,敞口直腹;侧面及底部有窑渣;釉色青灰,素面无纹。

标本图片:

修复后的图片:

36. 品名:宋代青白釉刻花莲瓣纹碗

尺寸:高5.9厘米,口沿直径12.0厘米,器底直径6.4厘米。

窑口:银坑坞窑址。

年代:北宋。

标本描述:器型敦厚,敞口,直腹,圈足;外有刻花纹饰,釉色偏黄。

标本图片:

修复后的图片:

37. 品名:宋代青白釉碗

尺寸:高 3.4 厘米,口沿直径 9.6 厘米,器底直径 4.3 厘米。

窑口:银坑坞窑址。

年代:北宋。

标本描述:敞口,直腹,近底处内折;造型规整,胎体轻薄,釉色青白。

标本图片:

修复后的图片:

38.品名:宋代青白釉花口小碗

尺寸:高4.5厘米,口沿直径11.2厘米,器底直径4.5厘米。

窑口:银坑坞窑址。

年代:北宋。

标本描述:花口小碗,敞口,直腹,圈足,釉色莹亮。

标本图片:

修复后的图片:

39.品名:宋代青白釉花口小碗

尺寸:高4.7厘米,口沿直径11.0厘米,器底直径5.0厘米。

窑口:银坑坞窑址。

年代:北宋。

标本描述:花口小碗,敞口,直腹;器型小巧,釉色青灰,素面无纹。

标本图片:

修复后的图片:

40. 品名:宋代青白釉划花莲瓣纹碗

尺寸:高 3.6 厘米,口沿直径 10.8 厘米,器底直径 5.2 厘米。

窑口:盈田窑址。

年代:北宋。

标本描述:敞口,口沿略不平,圈足;内外施釉,外有划花纹饰。

标本图片:

修复后的图片:

41. 品名:宋代青白釉花口小碗

尺寸:高 4.0 厘米,口沿直径 10.7 厘米,器底直径 4.1 厘米。

窑口:银坑坞窑址。

年代:北宋。

标本描述:器型小巧,花口,直腹,圈足;釉色青灰,素面无纹。

修复后的图片:

42. 品名:宋代青白釉刻花莲瓣纹碗

尺寸:高 4.3 厘米,口沿直径 13.5 厘米,器底直径 5.0 厘米。

窑口:银坑坞窑址。

年代:北宋。

标本描述:敞口且口沿较大,圈足,平底,外表饰以筋纹。

标本图片:

修复后的图片:

43. 品名:宋代青白釉刻花莲瓣纹碗

尺寸:高 4.2 厘米,口沿直径 12.4 厘米,器底直径 6.3 厘米。

窑口:盈田窑址。

年代:北宋。

标本描述:器型扁平,口沿略不齐,圈足;外饰莲瓣纹,釉色偏青。

标本图片:

修复后的图片:

44.品名:宋代青白釉碗

尺寸:高3.9厘米,口沿直径14.1厘米,器底直径4.7厘米。

窑口:盈田窑址。

年代:北宋。

标本描述:器型扁平,敞口,曲腹,圈足;釉色青灰,素面无纹。

标本图片:

修复后的图片:

45. 品名:宋代青白釉碗

尺寸:高6.4厘米,口沿直径12.6厘米,器底直径6.0厘米。

窑口:银坑坞窑址。

年代:北宋。

标本描述:器型较大,葵口,弧度自然,釉色青灰,简约大气。

标本图片:

修复后的图片:

46. 品名:宋代青白釉花口小碗

尺寸:高3.8厘米,口沿直径10.9厘米,器底直径4.1厘米。

窑口:银坑坞窑址。

年代:北宋。

标本描述:器型小巧,花口,敞口,直腹;釉色青灰,素面无纹。

标本图片:

修复后的图片:

47. 品名:宋代青白釉花口小碗

尺寸:高 4.8 厘米,口沿直径 10.6 厘米,器底直径 4.6 厘米。

窑口:银坑坞窑址。

年代:北宋。

标本描述:器型小巧,花口,敞口,直腹;釉色青灰,素面无纹。

标本图片:

修复后的图片:

48. 品名:宋代青白釉唇口碗

尺寸:高 11.9 厘米,口沿直径 15.5 厘米,器底直径 7.2 厘米。

窑口:盈田窑址。

年代:北宋。

标本描述:撇口,圈足且足较高;器型简朴,釉色青灰,素面无纹。

标本图片:

修复后的图片：

49.品名:宋代青白釉花口小碗

尺寸:高4.3厘米,口沿直径12.7厘米,器底直径6.0厘米。

窑口:银坑坞窑址。

年代:北宋。

标本描述:花口碗,敞口,直腹,圈足;器型扁平,口沿有轻微塌陷痕迹;釉色青灰,素面无纹。

标本图片：

修复后的图片：

50.品名:宋代芒口覆烧刻莲瓣纹碗

尺寸:高 5.6 厘米,口沿直径 15.0 厘米,器底直径 6.8 厘米。

窑口:福建窑口。

年代:南宋。

标本描述:直腹,敞口,口与底不施釉;器型端庄大气,釉色偏青,外有莲瓣纹。

标本图片:

十三、汤瓶类

1.品名:宋代青白釉双系汤瓶

尺寸:高 14.5 厘米,口沿直径 5.2 厘米,器底直径 7.0 厘米。

窑口:银坑坞窑址。

年代:北宋。

标本描述:单瓶,瓶身圆润;流较短且弧度适中;通体施青白釉,釉色偏白,风格朴实;器身中下部有一弦纹。

标本图片:

修复后的图片:

2. 品名:宋代青白釉汤瓶

尺寸:高15.0厘米,口沿直径6.9厘米,器底直径7.0厘米。

窑口:盈田窑址。

年代:北宋。

标本描述:单瓶,瓶身低矮;流短且弧度很小;通体施青白釉,釉色温润,风格朴实;器身素面无纹。

标本图片:

修复后的图片:

3. 品名:宋代青白釉盘口双系汤瓶

尺寸:高11.3厘米,口沿直径5.2厘米,器底直径7.8厘米。

窑口:盈田窑址。

年代:北宋。

标本描述:单瓶,瓶身浑圆;流短且弧度较大;提梁极短;通体施青白釉,釉色偏白;器身素面无纹。

标本图片:

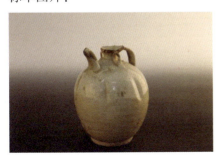

修复后的图片:

4.品名:宋代青白釉瓜棱汤瓶

尺寸:高17.2厘米,口沿直径6.8厘米,器底直径7.0厘米。

窑口:盈田窑址。

年代:北宋。

标本描述:瓶身细长;流较长且弧度适中;器身饰以瓜棱,通体施青白釉,釉色偏白。

标本图片:

修复后的图片:

5.品名:宋代青白釉汤瓶

尺寸:高17.8厘米,口沿直径6.4厘米,器底直径6.7厘米。

窑口:盈田窑址。

年代:北宋。

标本描述:器型高挑,腹鼓,平底;提梁呈直角,流长而外曲;釉色青灰,素面无纹。

标本图片:

修复后的图片:

6.品名:宋代青白釉汤瓶

尺寸:高7.4厘米,口沿直径7.4厘米,器底直径6.4厘米。

窑口:盈田窑址。

年代:北宋。

标本描述:器型圆润;肩、腹、底弧度一致;釉色青灰。

标本图片:

修复后的图片:

7. 品名:宋代青白釉八棱汤瓶

尺寸:高 11.3 厘米,口沿直径 4.4 厘米,器底直径 7.3 厘米。

窑口:盈田窑址。

年代:北宋。

标本描述:器型小巧,敞口,直腹,圈足;釉色偏白,素面无纹。

标本图片:

修复后的图片:

8. 品名:宋代青白釉盘口双系汤瓶

尺寸:高 13.5 厘米,口沿直径 10.3 厘米,器底直径 6.3 厘米。

窑口:盈田窑址。

年代:北宋。

标本描述:溜肩,平腹;流短而直,提梁呈直角;器型低矮,釉色偏白,素面无纹。

标本图片:

修复后的图片:

9. 品名：宋代青白釉汤瓶

尺寸：高 12.2 厘米，口沿直径 9.9 厘米，器底直径 6.1 厘米。

窑口：盈田窑址。

年代：北宋。

标本描述：器型低矮；流短而有弧度，敞腹至肩部内折；釉色偏白，素面无纹。

标本图片：

修复后的图片：

10. 品名：宋代青白釉盘口双系汤瓶

尺寸：高 12.0 厘米，器底直径 6.5 厘米。

窑口：盈田窑址。

年代：北宋。

标本描述：直腹，直口；边有两耳；腹部鼓圆；釉色青灰。

标本图片：

修复后的图片：

11.品名:宋代青白釉双系汤瓶

尺寸:高 13.6 厘米,口沿直径 6.8 厘米,器底直径 7.1 厘米。

窑口:盈田窑址。

年代:北宋。

标本描述:溜肩,鼓腹,曲至底部;流长而弯曲;有双耳,缺提梁;釉色青灰,素面无纹。

标本图片:

修复后的图片:

十四、轴饰

1. 品名:工具类顶帽

尺寸:高5.0厘米,器身直径7.3厘米,器底直径3.0厘米。

窑口:盈田窑址。

年代:北宋。

标本描述:器型小巧,敞口,直腹,壁厚,为实用部件器;内施釉,外素胎;仅剩半边。

标本图片:

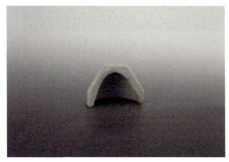 

修复后的图片:

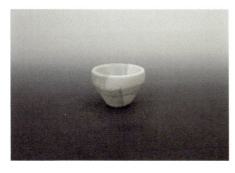 

十五、火照

1. 品名:宋代青白釉火照

尺寸:高3.1厘米,器底直径5.9厘米。

窑口:盈田窑址。

年代：北宋。

标本描述：器型类似碗底，底中心有塌陷瓷片；通体施釉，釉色偏白。

标本图片：

附录　青白瓷标本整理修复工作的方法、过程及其意蕴解读

本书标本的整理、修复与解读，是在景德镇学院人文学院院长陈猛博士的全程指导下，在周剑、王勇强老师的支持下，由景德镇学院人文学院 2019、2020、2022、2023 级文物与博物馆学专业学生完成的。

一、分型定式

在初步清洗后，接下来的环节是对出土的瓷器标本进行分型定式（图 7-1）。分型定式这项工作要求分类者有着大量的专业知识储备以及丰富的经验。在老师的悉心指导下，我们顺利地完成了该项工作，同时巩固了专业知识，收获了宝贵的实战经验。

图 7-1　分好类的瓷器标本

已知本批标本的年代主要为宋代，因此我们主要根据器物类型、标本部位、装饰纹样等几个方面对瓷器标本进行分型定式。

（1）将瓷器与窑具分开。

（2）根据釉色将标本分为青白釉、青釉、褐釉、青花四大类。其中，青白釉数量最多。

另外,还有少量的青釉和褐釉以及极少量的青花。

(3)在初步分类的基础上根据器物类型将标本进一步分为碗、盘、壶、杯、盏托、粉盒、鸟食罐、陶俑等。

(4)根据标本的完好程度将标本分为完整器和部分瓷片。其中,碗盘类瓷片按口沿、底足、腹的不同特点进行分类。

(5)再根据装饰手法和装饰纹样对已经按器物类型分好的标本进行细分:按装饰手法划分为刻划、模印两大类;按装饰纹样分为无花纹、刻划花、鱼纹等类型。

至此,分型定式的工作告一段落。值得注意的是,在分型定式的过程中,要特别注意纹饰相近的不同部位是否有拼接成功的可能。如找到接口匹配的瓷片标本,在确定为同一器物的残片后,要将其存放在一处并做好标记。在分型定式时找到可以复原的器件,能够为后期修复工作的顺利开展打下基础。

二、摄影

在对文物进行初步的分型定式之后,便开始器物整理工作的第二步——拍摄修复前与修复后的文物(图7-2)。

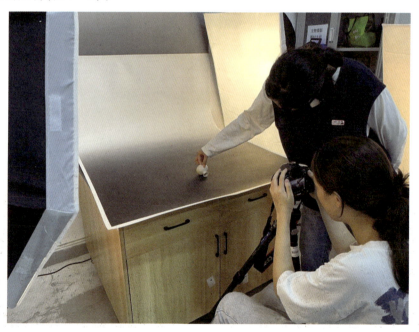

图7-2　摄影师正在拍摄青白瓷

照片是展示文物本身、介绍文物所承载信息的重要手段,相当于我们每个人的身份证照片。文物摄影与其他类型的摄影不同,它要求摄影师具备一定的文物知识,理解文物从不同领域和侧面反映出历史上人们改造世界的状况,是研究人类社会历史的实物资料。因此,只有对文物有深刻认识的摄影师才能拍出好的作品。

本项工作是为了从青白瓷的角度展示宋人的社会生活与习俗,因此拍摄对象以宋代青白瓷为主。相对于书画、古籍等平面文物,在对瓷器这种立体文物进行拍摄时要格外注意构图、光线、色差以及角度等,并且要遵守还原文物原貌的规则,严禁进行夸张、变形、变色处理。真实性是文物拍摄的基本要求。

在拍摄开始之前,老师们和同学们共同完成了对摄影棚的简易搭建工作,购买了适合青白瓷拍摄的背景图纸,调试好了灯光,整个文物摄影的初步工作开展得非常顺利。为了拍好器物图片,老师们还为我们请来了专业的摄影师与平面设计人员,教我们在拍摄青白瓷的过程中调试相机,以及在后期工作中调整图片。

以下是文物摄影过程中的几个步骤及注意事项:

(1)在对文物进行拍摄前,需对底部留有窑渣、泥土等物质的瓷器进行清洗和打磨,使之不划伤、沾污背景图纸。

(2)每拍摄一件瓷器都要调整白平衡、光圈、快门,尽可能让照片上的瓷器颜色接近瓷器本身的颜色,使照片不失真。

(3)拍摄瓷器时,要尽可能在一张照片上记录最多的纹饰或器型特征,使瓷器的器型、釉色、纹饰等完全被记录下来,以便翻阅档案时可以即刻找到该瓷器。拍摄完成后要排列好顺序,方便记入档案。

(4)在完成修复工作后,要着重拍摄修复的部位,使修复部位清晰明了。

(5)在拍摄完成后,要注意与记录档案人员进行交接,尽可能一器一接,务必让器物与档案相匹配。

完成以上步骤后,文物的摄影记录工作就全部结束了。接下来要做的工作是收拾好拍摄过程中用到的相机、三脚架、灯光架等设备,打扫摄影棚内的卫生,全力配合做好档案的录入工作。

三、记录档案

记录文物档案是整个体系中承上启下的部分。档案就像文物的身份证。收集和整理这些文物的信息(图7-3),对于未来的文物评估和研究都大有裨益。绝大部分档案最终都要公开,因此正确且完备的档案记录十分重要。档案一旦出现错误,就会导致文物本身信息的对应上出现问题,也会给之后参考档案的人员带来不必要的麻烦。

整理与修复记录档案是多层次、多角度的整合资料。器物名称、编号、到达日期、修复者等基础信息,器物的尺寸数据(图7-4),如长度、高度、口沿直径、器底直径、圈足厚度,以及年代、窑口,器物的具体形状、构造、纹饰的文字描述及用途,器物修复前及修复后的照片,构成了完整的文物档案。

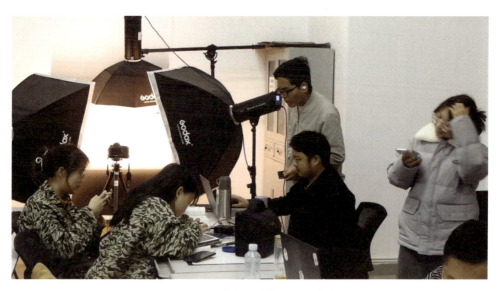

图 7 - 3　同学们正在整理文物信息

图 7 - 4　同学们在测量瓷器的厚度

　　文物的数据是非常重要的。在这个过程中,同学们精诚团结,通力合作。在老师的指导下,记录、沟通、整理等工作有条不紊地进行。档案记录细节分为两个板块,由两名同学负责。为保持语言风格一致、数据准确,对文物数据、器物用途和定式的描述以及图注由一名同学完成。对文物的描述则由另一位同学来完成。描述要求简练、精确,少用形容词。由于本书中的器物大多为宋代青白瓷,对器物的描述主要集中在文物的形制、体态、釉色、胎体、纹饰及特点上。在描述的过程中,要尽量用风格相同的语言描述文物的共同点,以保证语言的前后一致性,也要注意到没有完全相同的两件文物的事实,因此要用凝练的语言描述不同点。窑址的确定则由整组成员共同完成。在陈老师的指导下,记录工作顺利完成。

四、文物修复

(一)清洗

清洗是修复过程中的第一步,也是最基础、最关键的步骤。清洗是为了清除损坏器物胎釉结构的有害物质,停止或延缓损坏的发生。对于外在堆积的污垢和陈旧的修复材料,也要进行清理,使器物碎片碴口清洁、色泽清新,从而保证碎片拼接等操作顺利。

1. 清洗的准备工作和工序

1)估算古陶瓷的修复价值。标本以宋代青白瓷为主,数量多,器型丰富,修复价值高。

2)确认器物的结构和组成。首先判断器物的脆弱或不牢固部分是否能承受清洗操作。其次对器物上的堆积物进行检查和判断。如果堆积物包含重要的历史信息,反映器物的保存情况,只要不妨碍修复和极大地影响器物形象就要保留。如果这些堆积物会对文物保存或修复造成影响,就要对其进行适当的清洗,但一定要做好标本采样、摄影等记录工作。

3)准备好清洗工具,如毛刷、手术刀、砂纸等。

2. 清洗前的预备工作

正式清洗前需进行小范围的试验,保证清洗剂或工具使用有效且不伤害器物。选择适合的工具对器物进行清洗。根据器物实际情况采取不同的清洗方式。本书中的大部分标本保存状况较好,可修复器物数量多,可以优先对器物进行水洗。清洗干净器物表面的泥土和尘垢后,再依据器物的不同情况,采用机械清洗或化学清洗等方式。

3. 清洗过程

1)初步清洗。保存状况良好的器物,通常采用水洗方式。将胎釉结构好的器物放进水盆,用毛刷清除泥垢。清洗时及时更换清水,避免洗下的土渣摩擦、损伤器物。清洗好的器物放入清水盆进行二次清洁。部分孔隙率高的瓷器要单独清洗。为了防止清洗剂进入器物内部,先要用水浸湿器物,以减少清洗剂的渗入。再将器物置于流水下,用毛刷清除污垢(图7-5)。器物清洁干净后,放置在空旷处晾干部分水分,再用软布吸干剩余水分,之后放入收纳箱。最后,将器物统一放置在通风、避光的室内保存。

2)可修复器物的清洗。在初步清洗的基础上,按照不同的情况,选择不同的清洗方式,对挑选出的可修复器物进行清洗。清洗方式主要分为机械清洗和化学清洗两大类。

a. 机械清洗指用软刷、锉刀、手术刀等工具来清除覆盖器表或嵌入沟缝的灰尘和污物。我们修复的器物大多表面附着大量土沁,还有部分器物有窑渣和落灰,需要用手术刀、砂纸、锉刀等工具一点点刮除。很难清理的则采用机器打磨。

图7-5　同学们正在清洗瓷器

b.化学清洗适用于难以清理干净的陶瓷器碴口和断面上。一般我们用高锰酸钾溶液（图7-6）与草酸溶液来清洗：直接将高锰酸钾溶液涂抹在器物的断面上，待涂抹均匀之后，用草酸溶液洗去高锰酸钾溶液即可。多次重复操作之后，我们就可以彻底清洗掉陶瓷断面上的杂质。

图7-6　涂了高锰酸钾溶液的瓷片

古陶瓷文物的清洗，是整个修复过程中最基本的一步。很多时候我们会将多种方法结合起来使用，力求用最合适的方式将待修复的文物清洗干净，这对后面的器物修复往往能起到事半功倍的效果。

（二）拼接

拼接是指用黏结剂将古陶瓷的碎片重新黏在一起，使器物的原本造型得以恢复。在文物整理过程中，需要拼接的情况比较多见。一种是原来的古器物破碎成很多碎片。另一种是原器物某个部件缺失，但能够找到与其相适配的可利用的零碎部件。在这两种情况下，我们都可以通过拼接将它们拼成一件完整的器物。例如，在整理执壶零碎部件时，有很多壶嘴，而在修复执壶时刚好缺流，我们就会找到适配的流，将其与修复好的壶体拼接在一起，使其完整（图7-7）。

图7-7　已修复的宋代青白瓷执壶

清洗完这些器物碎片后,在正式拼接之前必须进行预拼。预拼是不需要黏结剂的,主要是找好这些碎片的位置,确定拼接顺序。确定拼接顺序十分重要,既可以保证所有碎片最终都能拼起来,避免出现有的碎片不能够嵌入到位的情况,又能够使碎片拼合得更加精确。这尤其适用于碎片多、器型大的文物。

预拼时一般将小片拼接成大片,然后将若干大片拼接完整。顺序是从底部逐渐拼到口部,或者从口部拼到底部。碎片数量多时可以用透明胶带帮助固定。先拼接的部分往往误差最小,所以预拼时要优先考虑有纹饰图案的碎片和醒目突出的碎片。碎片数量不多的器物可一次拼接完成,这种方式产生的误差最小。

预拼完成后就要选择合适的黏结剂将碎片顺利地拼接在一起。黏结剂的选择通常要考虑到黏结强度、颜色和透明度、固化速度、可逆性、黏度、化学稳定性等。常用的黏结剂有环氧树脂黏结剂、AAA超能胶、502胶。在修复文物时,我们通常用的是502胶。它属于瞬间黏结剂,使用后等1—2分钟待溶剂挥发后即可,但黏结强度有限。

在使用前,先要将碎片磕口上的灰尘或者土渣清理干净。碎片多的话要用胶带等固定好(图7-8),再沿着接缝滴入502胶,使胶水流过整个接缝且渗入其中。

图 7 - 8　同学正用胶带固定瓷器

(三) 配补

在文物修复过程中较为关键的一步就是根据陶瓷器物的缺损情况,采用合适的方法进行修补(图 7 - 9)。对于不同破损情况的陶瓷器物,我们要选择不同的配补方法,以达到较好的修复效果。

图 7 - 9　同学们正在修补陶瓷器物

在配补陶瓷器物的缺损部分时,首先观察陶瓷器物的破损情况。对于破损较小的缝隙,如坑、缝、豁口等,可以直接用石膏进行修补,用石膏填满缝隙即可。对于缺损面积较大或者部分造型缺失的器物,则要采用模补的方式。一些缺损部位很大的陶瓷器物,如壶、瓶等,采用塑补的方式。

在初步观察、分析陶瓷器物的破损情况以后,就可以针对陶瓷器物开展修补工作了。修补陶瓷器物的材料主要是石膏浆。在调制石膏浆时,先在橡皮碗中倒入适量的石灰,再少量多次加入干净的水,一边加水一边用调刀或者用手搅拌,观察石膏的黏稠程度,达到一定的黏稠程度就可以使用了。用手术刀或其他修复工具将石膏填入缝隙较小的豁口等缺损部分。

缺损较大的部分,要先用油泥(或者打样膏)取样。在取样之前,用热水将油泥充分软化。待油泥软化后,根据陶瓷器物的完整部分,将油泥贴合上去,用力压紧,再取样。油泥贴合器物完整部分时保持不动,待油泥变干时取下,得到一个对应形状的样。取样之后将油泥贴到瓷器缺损部分,并用夹子进行固定。固定后将石膏浆倒入瓷器与油泥贴合的缺口部分。一般所倒入的石膏浆略厚于陶瓷器物的表面,等石膏浆固化后,取下油泥模型。

去掉油泥模型后的陶瓷器物缺损部分初具模型。首先要用粗砂纸根据完整部分的样子进行打磨,也可以用手术刀,主要是为了去除多余的部分,如过厚的器壁或者高出器物表面的固化石膏(图7-10)。将模补部分的石膏厚度打磨得接近完整部分时,用细砂纸打磨,以保证修补部分表面光滑,没有明显的打磨痕迹。在打磨的过程中,如果发现器表不够光滑或者细孔较多,则可以将较稀的石膏浆涂于表面,填补空隙。待表面干燥后用细砂纸打磨,直至表面平滑。

图7-10 同学们正在修补和打磨器物

在配补和打磨工作完成之后,观察修补部分和器物原有部分的差异,对修补和打磨不到位的器物再次进行仔细的修补和打磨,直至修补部分与原器物接近。

五、整理包装

经过分型定式、文物摄影、档案记录和文物修复后,器物焕然一新,但工作还没有结束。为了将有价值的文物进行集中展示,我们还需要在最后阶段对文物进行统一的整理、搬运。

首先要对器物进行排序。这一步在进行修复工作时便已经开始,是整个流程中的重要环节。没有对文物进行正确的排序和贴标签,后续的工作便无法继续开展,甚至有可能因为标签顺序错误,器物与标签不对应,对修复工作造成时间、人力甚至财产上的损失。

图 7 - 11　已打包的陶瓷器物

贴标签的工作完成后,下一步就是打包整理(图 7 - 11)。这一步是整个修复工作中最惊险的一步。如果不能使用合适的包装材料对文物进行有效的保护,那么在搬运过程中已修复的器物会因为颠簸或者碰撞被二次损坏,造成文物修复工作的重大损失。在开始打包整理时,老师和同学们并没有使用简单的报纸进行打包整理,而是购买了一批快递包装用的泡沫材料,对文物进行无损包装整理。同时,王老师在包装的具体步骤上,不厌其烦地为同学们讲解包装的注意事项,如在包装时预留一定的空间以缓冲搬运时移动产生的力。

包装整理的最后一个步骤是将已经打包好的器物装箱,方便运输。为此,陈老师专门购买了一批带滚轮的塑料箱。在装箱过程中,要将器物进行合理的码放,尤其要注意较脆弱、易受损器物的码放。

六、总结

除了做好文物的整理和修复工作,我们还根据器物形制将器物分为粉盒、碗盘、盏托、执壶、杂项五大类,由五个小组分别对其文化内涵进行深挖。

(一)第一次汇报

我们对各器型的背景、用途等开展了第一次讨论(图 7 - 12 至图 7 - 15),结果如下:

图 7 - 12　同学们正在讨论

图 7 - 13　同学们正在分析各器型

图 7 - 14　学生和老师在修复标本

图 7 - 15　学生们在修复标本

1. 杂器

（1）背景

宋徽宗修建万寿山,却无飞鸟定居。薛姓老人毛遂自荐,使鸟儿在园中安家。

（2）宋青白瓷鸟食罐

直圆口,胎骨洁白轻盈。器型呈鸡心状,内壁光素,外壁以篦线纹装饰罐体。腹中有单环系,系柄积釉处呈湖绿色。

（3）胎骨制作工艺

使用上下拼接或左右拼接的接胎法制成。

（4）烧造工艺

大多使用覆烧、垫烧工艺,少数使用支烧工艺。

2. 盏托

（1）盏托的溯源

（2）盏托的类型

有托杯型盏托、托台型盏托、托圈型盏托。

（3）盏托的用途

（4）宋代青白瓷盏托形成的因素

3. 瓷碗

（1）造型

（2）碗口的类型

有侈口、芒口、花口、撇口、唇口、葵口、折沿。

（3）碗足的特点

（4）典型的碗类造型

有斗笠碗、注碗、盏托。

4. 粉盒

（1）粉盒的历史渊源

（2）粉盒的功用

盛放胭脂;作为古代男女的定情物;作为外交礼品。

宋代景德镇青白瓷粉盒生产数量巨大,制作技术成熟,与唐代瓷粉盒相比,显得更加精细,造型更加多样,纹饰更加丰富。在功能方面,宋代景德镇青白瓷粉盒也显得更加多样,不仅用来盛放胭脂,而且用作定情物和外交礼品。唐宋瓷粉盒有差异,与宋代妇女的社会地位和生活情趣的转变以及当时的经济文化发展情况有着密切的关系。

5. 执壶

（1）执壶的造型演变

（2）执壶的类别

宋人热爱饮茶,进而形成了独特的饮茶技法——点茶法。宋代点茶法的关键是注水,而注水所有工具便是执壶。

（二）第二次汇报

完善第一次汇报的资料,查找参考材料并搜集相关古代画像,确保资料的准确性。总结如下:

1. 粉盒

粉盒中的眉粉：据专家任之录考证，古代的粉盒中曾装有一种从海外传来的昂贵眉粉，系用螺子黛磨成，粉质呈紫色，欧洲人称为"骨螺贝"。关于盖盒的具体用途，扬之水先生曾如此评价："瓷盒品类极多，且用途各异，若非特殊款识，一般难以清楚区别。"也就是说，古人的粉盒用途不是单一的，可以用来装胭脂，还可以用来装香粉、茶粉、丹药等。

2. 碗盘

古代人们习惯席地而坐，所用家具较矮，因此常用碗腹较宽、丰满的碗，给人稳定感。五代至宋代，桌椅开始大范围流行，以适应审美与实用需求。随着餐桌饮食的普及，宋代碗的造型越来越丰富，实用性和审美性兼顾。而到宋代时，瓷的使用也更加普遍，盘式多样，有花口、唇口、菱口、菊瓣口以及折腰、折沿等各式盘。

到了宋代，随着宴会格式的演变，瓷碟通常用来盛放菜肴、佐料或搁置汤匙。而且瓷碟多被用来盛放精致的食物，因此在造型上更讲究。

3. 执壶

饮茶与喝酒是宋代市民生活中兴起的两大休闲消遣项目。与酒相比，茶显得宁静、淡泊、隐幽，酒显得热烈、豪放、辛辣，二者体现着不同的品格性情，体现着不同的价值。茶宜细品，酒需慢饮，青白瓷执壶满足了这两方面的需求。

青白瓷执壶用途有二：一是盛酒和温酒，这类执壶又称为"注子"；二是用于注汤、点茶，这类执壶又称为"汤瓶""汤提点"或"点提壶"。

4. 盏托

《中国古代器物大词典：器皿卷》对盏托的解释是："至唐，饮茶之风大盛，越窑大量烧造，托口一般较矮，口沿卷曲作荷叶状。宋时，式样繁多，定、汝、官、钧等窑各具特色。盏托，是由盏跟托组合为一体的。"杨雄在《方言》一书中曾说："盏，盂也。"由此可见，盏在古代是作为茶具、酒具使用的。

5. 杂项

宋代瓷粉盒模仿金银器的主要原因是真宗之后宋代国力羸弱，虽然宋代金银产量非常高，但统治者严格管制金银的流通，且需对辽、金、西夏缴纳岁贡，所以宋朝依旧处于钱荒状态。为解决原材料不充足的情况，宋代统治者只能严格控制人们使用金银器物。如景祐二年（1035 年）诏"市肆造作缕金为妇人首饰等物者禁"，大中祥符元年（1008 年）诏"非命妇不得以为首饰，冶工所用器，悉送官"。

（三）第三次汇报

查找参考材料并搜集相关古代画像（图 7 - 16 至图 7 - 21），确保资料的准确性。总结如下：

1. 粉盒

图 7-16　宋·苏汉臣《妆靓仕女图》①

（图片来源：故宫博物院官网）

图 7-17　北宋·张择端《清明上河图》②

（图片来源：故宫博物院官网）

---

① 《妆靓仕女图》是宋代画家苏汉臣创作的一幅绢本扇面画，现藏于故宫博物院。
② 《清明上河图》，中国十大传世画作之一，北宋风俗画，北宋画家张择端仅见的存世精品，属国宝级文物，现藏于故宫博物院。

2. 碗盘

图 7 - 18　南宋·刘松年《茗园赌市图》①

（图片来源：台北故宫博物院官网）

3. 执壶

图 7 - 19　南宋·刘松年《撵茶图》②

（图片来源：台北故宫博物院官网）

---

① 《茗园赌市图》现藏于台北故宫博物院。
② 现藏于台北故宫博物院。

4.盏托

图 7 - 20　北宋·赵佶《文会图》①

（图片来源：台北故宫博物院官网）

---

① 《文会图》是宋徽宗赵佶和宫廷画家共同创作的绢本设色画，现藏于台北故宫博物院。

5. 杂项

图 7-21　北宋·赵佶《听琴图》①

（图片来源：故宫博物院官网）

---

① 现藏于故宫博物院。

（四）第四次汇报

完成各主题板块介绍。板块介绍总结如下：

1. 粉盒

"粉白黛黑，施芳泽只。"先秦女性梳妆的过程被生动地记录于屈原的《大招》之中。到了宋代，女性的妆容受到了当时文人思想观念的影响，一改唐代的浓艳华贵，自成一派。李清照所咏"风住尘香花已尽，日晚倦梳头"描绘的正是这种慵懒清贵之态。在理学风潮席卷之前，宋代女性的独立意识即已崛起，表现在妆容上便是跳脱出"女为悦己者容"的桎梏。她们饮酒赋诗、弹琴作画、游春踏雪，她们的美不仅仅体现在涂脂抹粉之中，她们的独立之精神更使她们在历史的长河之中熠熠生辉。

2. 碗盘

"青白釉传色泽美，方圆形似器容珠。"青白瓷碗盘莹润透亮，巧夺天工，造型多样，形制规整。两宋，青白瓷碗使用极为广泛。"饮食衍衍，燔炙芬芬"，"有美皆备，无丽不臻"，餐桌上的一饭一蔬、一碗一碟映照"食器雅宋"。"素瓷雪色缥沫香，何似诸仙琼蕊浆。"斗笠盏应用广泛。"纤指缓，连环动触。渐泛起，满瓯银粟。"青白瓷碗用于斗茶尤富雅趣。两宋碗盘展现了宋代人的主题和生活风尚，形体简而富雅趣，色调单而见和润，状貌细而含净气。

3. 熏香

"扈江离与辟芷兮，纫秋兰以为佩。"熏香在中国历史上可谓源远流长，如屈原的咏叹让文人与香早早地结下了不解情缘。"至治馨香，感于神明。黍稷非馨，明德惟馨尔。"《尚书》中文人认为善政如馨香，并怀有德治的理想。熏香在中国文化中早不仅仅是凝神静心的一种活动，更承载着文化内涵。发展至两宋时，青白瓷熏香异军突起，上承汉唐香炉，形成富含宋人情趣的体系。千年前静静散发的香气以及文人雅客的身影，仿佛又出现在我们眼前。

4. 执壶

从李白的"百年三万六千日，一日须倾三百杯"到苏轼的"夜饮东坡醒复醉，归来仿佛三更"，文人墨客与酒的缘分从未断绝，既存在于推杯换盏中，也存在于灵感迸发时。除此之外，品茶也是宋人的一大雅兴，"食罢一觉睡，起来两瓯茶"。宋代的分茶、点茶、斗茶、点汤这些茶事已融入皇室及百姓的生活中，青白瓷执壶也因此进入大众生活。细长微曲的壶嘴使其恰好满足饮酒喝茶的需求，搭配注碗使用可让茶酒保温至宾客尽兴而归时。眼前的执壶仿佛倒映着一场千年前的盛宴，等着我们细细观赏。

5. 盏托

宋代青白瓷盏托，在众多的宋代景德镇生产的青白瓷器中只占极小部分，但却与宋代的社会生活、文化风俗、瓷业发展等方面有着紧密的联系，蕴藏着独特的文化密码：儒、释、道三教合一的社会思潮促使宋代茶酒文化繁荣;景德镇制瓷业的发展,使匠人能够烧制出"颜色比琼玖"的青白瓷盏托;人们生活方式的变化,给盏托带来了细微的变化。市民农夫,举杯牛饮;王子皇孙,细品慢酌。唯有宋代文人携其清淡雅趣,将盏托捧于手中,以盏中茶酒会友,以案上笔墨写诗,细细品味此间人生。

陈 猛

二〇二四年谷雨于景德镇学院